Bertold Ulsamer/Claus Blickhan

NLP für Einsteiger

Neuro-Linguistisches Programmieren leicht gemacht

Herausgeber: Prof. Dr. Hardy Wagner

Bertold Ulsamer · Claus Blickhan

NLP für Einsteiger

Neuro
Linguistisches
Programmieren
leicht gemacht

11. Auflage

Die Deutsche Bibliothek – CIP-Einheitsaufnahme

NLP für Einsteiger: neuro-linguistisches Programmieren leicht gemacht /
Bertold Ulsamer ; Claus Blickhan. Hrsg.: Hardy Wagner. - 11., unveränderte Aufl. -
Offenbach: GABAL, 2000
    Früher u.d.T.: Einstieg in das neuro-lingistische Programmieren
    ISBN 3-923984-47-2
NE: Ulsamer, Bertold; Blickhan, Claus; Wagner, Hardy (Hrsg.)

4. Auflage	6.- 8. Tausend	Mai	1991
5., verbesserte Auflage	9.- 13. Tausend	Mai	1992
6. Auflage, unveränderter Nachdruck	14.- 18. Tausend	März	1993
1. - 6. Auflage, mit einem Beitrag von Vera F. Birkenbihl			
7., überarbeitete Auflage	19.- 23. Tausend	Feb.	1995
8. Auflage	24.- 27. Tausend	Okt.	1995
9., aktualisierte Auflage	28.- 31. Tausend	Sept.	1996
10., unveränderte Auflage	32.- 34. Tausend	Mai	1998
11., unveränderte Auflage	35.- 36. Tausend	April	2000

Titelillustration:	G.E.L.D. Kreation, Bremen
Cover:	Axel Gross, Bremen
Satz und Layout:	Druckerei Fortmann KG, Speyer
Druck und Verarbeitung:	rgg Druck- und Verlagshaus, Braunschweig

© 1995 by GABAL Verlag GmbH, Offenbach

Verlagsinformationen:
Jünger Service, Schumannstr. 161, 63069 Offenbach
Tel.: 069/840003-13 (-0) Fax: 069/840003-33

Inhalt

Geleitwort des Herausgebers

Mit der 7. Auflage unseres erfolgreichen GABAL-Bandes „NLP für Einsteiger" legten wir ein nahezu neues Buch vor: Die beiden Autoren sind bekannte und in Literatur und Training ausgewiesene NLP-Experten: *Claus Blickhan und Dr. Bertold Ulsamer.*

Die Initiatorin der 1. Auflage und Mitautorin der ersten sechs Auflagen, Vera F. Birkenbihl, hat NLP aus dem weitgesteckten Bereich ihrer Interessen herausgenommen. Um so mehr danken ihr Verlag und Herausgeber für die Idee zu diesem Buch, das inzwischen ein unverzichtbares Standardwerk ist.

Am Anfang steht ein neuer Grundlagen-Beitrag, nunmehr von Dr. Bertold Ulsamer, zugleich Autor der GABAL-Bände: „Exzellente Kommunikation mit NLP" und „NLP in Seminaren". Weiter enthalten sind die beiden bewährten Fachbeiträge von Claus Blickhan und Bertold Ulsamer.

Wir freuen uns, unseren Lesern ein NLP-Buch zur Verfügung zu stellen, das keine Fachkenntnisse voraussetzt. Die Lektüre bietet einen kompetenten Einstieg in das Thema NLP und beantwortet die Fragen: Was ist NLP überhaupt und was kann NLP mir nutzen?

Diese Fragen stellen sich heute in zunehmendem Umfang nicht nur Trainer, die sich für neue und aktuelle Bereiche interessieren - für diese Zielgruppe gibt es den GABAL-Band „NLP in Seminaren"-, sondern auch zahlreiche Führungskräfte sowie viele Menschen, die an ihrer Weiterbildung interessiert sind.

Die aus der Praxis - durch Beobachtungen - heraus entwickelte Neuro-Linguistische Programmierung ist keine neue Methode, sondern ein „Instrumentenkasten" aus Elementen zahlreicher, sehr unterschiedlicher und bewährter Methoden. NLP ist deshalb auch in besonderer Weise geeignet, viele unterschiedliche Methoden noch besser verständlich zu machen und zu verstehen. Dies erklärt u. a. die große Anwendungsbreite, aber auch das zunehmende Interesse unterschiedlicher Zielgruppen an NLP.

Wir freuen uns auf konstruktiv-kritische Anregungen aus unserer Leserschaft, die uns zu weiteren Verbesserungen ermutigen.

Der Herausgeber

Hardy Wagner

Bertold Ulsamer

1. Einstieg in NLP

1.1 NLP – Wer findet den Durchblick?

Neuro-Linguistisches Programmieren, bekannt unter der Abkürzung NLP, verbreitet sich seit Beginn der 80er Jahre immer weiter in Deutschland. Seitenweise stehen jeden Monat im Anzeigenteil der Zeitschrift „Psychologie heute" NLP-Fortbildungsangebote für Psychologen und Therapeuten. Auch für Managementtrainer gehört es zum guten Ton, über NLP Bescheid zu wissen. Seit 1992 gibt es eine eigene deutsche NLP-Zeitschrift namens MultiMind[1]. Sogar das Nachrichtenmagazin „Der Spiegel", das sich im allgemeinen eher durch beißende Kritik hervortut, hat sich auf mehreren Seiten ausführlich und positiv mit dem NLP auseinandergesetzt.[2]

Der Laie, der einen Einstieg oder Überblick sucht, steht vor einer unübersichtlichen Vielfalt. NLP ist ein riesiges Gebiet – durchaus vergleichbar mit der EDV. Auf vielen Tausenden Buchseiten findet sich eine Fülle von Wissen. Zudem wächst der Stoff, den NLP in immer neuen Büchern und Seminaren anbietet, kontinuierlich an. Da erscheinen dann Buchtitel wie „Der erleuchtete Bio-Computer", „Der Reigen der Daimonen. Vorbedingungen des persönlichen Genies" oder „Identität, Glaubenssysteme und Gesundheit".

Wo anfangen? Was ist das Wichtigste? Wer soll da noch den Durchblick finden?

Mehr über NLP, liebe Leserinnen und Leser, werden Sie auf den nächsten Seiten erfahren. Damit gewinnen Sie einen kleinen Überblick von dem, was die Basis des NLP ausmacht. Allerdings ist das erst der Anfang, vergleichbar mit einem Erstklässler, der mit den Zahlen vertraut wird. Er kann jetzt 2 + 2 zusammenzählen. Von der hohen Kunst der Mathematik trennt ihn dann noch ein gewaltiges Stück. Aber er versteht schon die ersten wichtigsten Grundlagen!

---

[1] MultiMind – NLP aktuell erscheint 6x jährlich im Junfermann Verlag, Paderborn
[2] Anker im Seelenmorast, Der Spiegel 47/1993

1.2 Was ist der Inhalt von NLP?

NLP behandelt den erfolgreichen Umgang mit Menschen. Es beschreibt die zwei Bereiche **Verstehen und Verändern** und vermittelt:

1. **Die Kunst, seine Mitmenschen zu verstehen und sich ihnen verständlich zu machen,**
2. **Die Kunst, bei sich selbst und bei anderen positive Veränderungen in Gang zu setzen.**

Das Kunstwort Neuro-Linguistisches Programmieren setzt sich aus drei Teilen zusammen. „Neuro" steht für neurologisch. Damit sind Prozesse auf der **körperlichen** Ebene gemeint. (Auch Gefühle sind körperliche Prozesse!) „Linguistisches" bezieht sich auf **Sprache.** „Programmieren" weist auf unsere inneren **Denk**-Programme hin. NLP untersucht nun die vielfältigen **Zusammenhänge zwischen Körper – Sprache – Denken.**

Körper
(**Neuro**-)

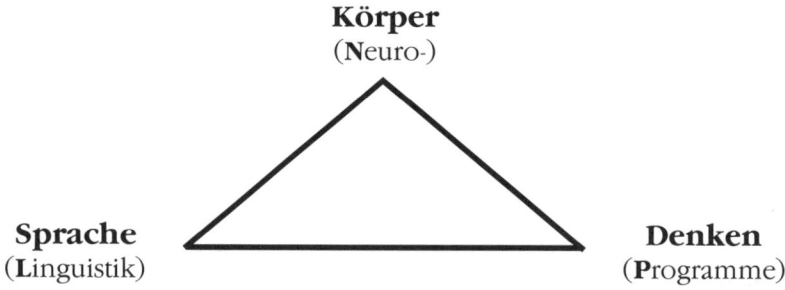

Sprache
(**Linguistik**)

Denken
(**Programme**)

Beispiel zum Thema Denk-Programme:

Luise reagiert jedesmal empfindlich und eingeschnappt auf Kritik, während ihre Freundin Sabine meist recht souverän und offen mit Kritik umgeht.

Beide verarbeiten die Kritik unterschiedlich, weil sie **unterschiedliche Denk-Programme** haben, die in Kritiksituationen fast vollautomatisch ablaufen. Luise: „Der mag mich nicht, sonst würde er nicht so etwas Negatives zu mir sagen". Sabine: „Das ist ja toll, daß ich endlich mal erfahre, was die Leute manchmal an mir stört".

Mit NLP kann Luise lernen, ihr bisheriges Denkprogramm zu erkennen und zu verändern.

Übung zur Beziehung zwischen Körper und Denken:

Erinnern Sie sich an ein unangenehmes Ereignis der letzten Zeit. Erlauben Sie sich einige „trübe", negative Gedanken dazu. Nehmen Sie dabei bewußt wahr, wie Sie Ihren Körper halten und wie Sie atmen.

Stehen Sie nun auf! Heben Sie die Arme über den Kopf in die bekannte Siegerpose der Olympiakämpfer. Atmen Sie dabei ein paarmal tief durch.

Und jetzt denken Sie an das unangenehme Ereignis. Probieren Sie, ob Sie in dieser Körperhaltung genauso negativ darüber denken können und atmen Sie dabei weiter tief durch. (Ich wette mit Ihnen, daß es Ihnen nicht gelingt!)

NLP bietet viele Übungen, die Ihnen helfen, die Beziehung zwischen Körper und Denken so zu nutzen, daß Ihnen mehr Kraft und Fähigkeiten in schwierigen Situationen zur Verfügung stehen.

1.3 Wie ist NLP entstanden?

Stellen Sie sich vor:

Ihr dreijähriger Sohn ist heute besonders gereizt und nervig. Sie schaffen es innerhalb von zehn Minuten, daß er wieder lacht und zufrieden mit seinen Bauklötzen spielt.

Ein Freund hat Sie dabei beobachtet. Bewundernd fragt er hinterher, wie Sie genau den richtigen Ton und die richtigen Worte gefunden haben. „Das ist einfach Intuition", meinen Sie zu ihm. „Das schaffe ich immer oder meistens! Aber wie es funktioniert, weiß ich nicht".

„Du hast ein ganz besonderes Talent", meint Ihr Freund. „Ich kenne so viele Mütter und Väter, bei denen herrscht nach zehn Minuten der größte Krach. Ich bin neugierig und möchte das auch lernen! Wenn du erlaubst, mache ich die nächsten Male Video- und Tonbandaufnahmen. Die analysiere ich genau. Wenn ich dann verstanden habe, was ausschlaggebend für die Stimmungsänderung deines Sohnes ist, dann probiere ich das selbst zuhause mit meiner kleinen Tochter aus. Anschließend kann ich dir erzählen, was du genau machst, und was so wirkungsvoll ist."

Und Sie sind sehr gespannt auf die Ergebnisse . . .

So ähnlich wurde NLP entwickelt. Nur waren die Studienobjekte nicht geniale Eltern, sondern geniale Therapeuten.

Die Beobachter waren in den 70er Jahren in Kalifornien zwei junge amerikanische Wissenschaftler an der Universität Santa Cruz. Der eine war John Grinder, ein etwas über 30 Jahre alter Sprachforscher und Professor für Linguistik, der andere war Richard Bandler, ein zehn Jahre jüngerer Student, der damals schon als Gestalttherapeut arbeitete. Gemeinsam studierten sie eine Reihe der bedeutendsten amerikanischen Therapeuten (Fritz Perls, Milton Erickson, Virginia Satir). Diese waren dadurch bekannt, daß sie erstaunliche Erfolge bei den schwierigsten Problemen erzielten. Bandler und Grinder beobachteten die Therapeuten bei der Arbeit und analysierten Video- und Tonbandaufnahmen bis ins kleinste Detail. So fanden Sie heraus, wie die therapeutischen „Magier" auf ihre Klienten eingingen und wie sie bei ihnen erstaunliche Veränderungen im Denken und Verhalten erzielten. Ihr **methodisches Vorgehen und die Ergebnisse** nannten Bandler und Grinder Neuro-Linguistisches-Programmieren.

„**Modelling**" wird dieses Vorgehen genannt, das zu den Grundlagen des NLP führte und Grundlage des NLP ist. Jemand mit einer Spitzenleistung dient als Modell. Wenn der NLPler die genauen Muster und Strukturen seines Denkens und Handelns herausgefunden hat, ist er selbst in der Lage, die gleiche Leistung zu erbringen.

Vera F. Birkenbihl verdichtet in einem treffenden Bild: „Auch diese super-erfolgreichen Therapeuten hatten ja aus irgendwelchen Quellen getrunken, bevor das Quellwasser durch ihre Arbeit und ihren erfolgreichen Stil quasi zu ausgezeichnetem Wein geworden war. Bandler und Grinder nun nahmen einige alte Schläuche voll solchen Weins, leerten diese in ein großes Faß und brauten daraus einen **hochprozentigen Cognac!** Diesen füllten Sie sodann in neue Schläuche, welche sie höchst erfolgreich zu vermarkten begannen". [3]

Diese Forschungen wurden von vielen anderen NLP-Forschern auf andere Spitzenkönner erweitert, wie Manager, Wissenschaftler, Juristen oder Künstler. Und der „geniale" Verkäufer, der die schwierigsten (cholerischen, gereizten, mißtrauischen usw.) Kunden erreichen kann, ist genauso Forschungsobjekt wie der Wunderheiler, der überraschende Heilungen erzielt.

---

[3] Birkenbihl, Vera F.: Einstieg in NLP; Beitrag in den ersten sechs Auflagen dieses Buches.

Die Fragen, die dabei gestellt werden:

- Was machen diese Spitzenkönner intuitiv richtig?
- Was machen die anderen, die erfolglos sind, falsch?
- Welche Gesetzmäßigkeiten und Regeln gibt es in dem intuitiven Vorgehen der Spitzenkönner?
- Wie lassen sich diese Regeln anderen vermitteln?

Beispiel:

Walt Disney kennt jeder über Mickeymouse-Hefte, Filme und die Disneyland-Vergnügungsparks. Was waren die Voraussetzungen seiner einzigartigen Mischung aus Kreativität und geschäftlichem Erfolg?

Jeder von uns trägt in seinem Kopf drei verschiedene „Denker" mit sich: den Träumer, der auf die ausgefallensten Ideen kommt, den Realisten, der jede Idee auf die Machbarkeit abklopft und den Kritiker, der besonders Schwachstellen und mögliche Probleme sieht.

Was im Alltag oft geschieht: Unserem Träumer ist eine phantastische Idee eingefallen. In der nächsten Sekunde meldet sich der Kritiker und zerreißt die Idee als absolut blödsinnig in der Luft!

Damit haben wir uns selbst blockiert. Machen wir das oft genug, dann hört irgendwann der Träumer von selbst auf, kreative Ideen zu spinnen. (Die gleichen Prozesse lassen sich auch in Teams beobachten.)

Was Walt Disney anders als Otto Normalverbraucher machte: Er gab jedem „Denker" genügend Zeit und Raum. Der Träumer durfte in Ruhe Träume und kühne, möglichst verrückte Ideen entwickeln. Dann machte sich der Realist an die Arbeit und überlegte sich, wie jede einzelne Idee umgesetzt werden könnte. Und schließlich kam die ganz wichtige Aufgabe des Kritikers. (Auch er arbeitete kooperativ mit!) Der Kritiker wies auf die Probleme und Schwachstellen hin, so daß der Realist sich überlegen konnte, mit diesen Hindernissen fertig zu werden.[4]

Die Erfolge von Walt Disney zeigen, wie erfolgreich eine solche Zusammenarbeit sein kann.

---

[4] Dilts, Robert: Träumer, Realist & Kritiker oder: Tools for Dreamers. Strategien für Kreativität & die Struktur von Innovation; Junfermann: Paderborn 1994.

1.4 Anwendungsgebiete

Der ursprüngliche Ansatz von NLP hat sich inzwischen in viele Richtungen weiterentwickelt. Im Unterschied zu anderen Schulen gibt es kein abgeschlossenes einheitliches Konzept. So werden immer neue Gebiete untersucht und neue Methoden gefunden. Denn NLP interessiert sich für alle Spitzenleistungen.

In den USA gibt es eine Reihe von Forschern, die immer weiter neue Entdeckungen machen, z. B. Robert Dilts, Leslie Cameron-Bandler, Steve und Connirea Andreas. In Deutschland forscht niemand mit der gleichen Intensität. Wir sind hier hauptsächlich Anwender und Umsetzer dieser Ergebnisse.

Die hauptsächlichen Anwendungsbereiche sind:

• **Therapie und Coaching**

Das erste Feld des NLP war die Therapie. NLP tritt dabei vor allem als Kurzzeittherapie auf, d. h. Probleme werden angegangen, um sie in wenigen Sitzungen zu lösen. Je klarer und umrissener eine Störung ist, desto größer sind die Chancen rascher Hilfe (mehr dazu im folgenden Beitrag). Auch bei schwierigen, lange vorhandenen Störungen, gelingen bisweilen „Wunderheilungen" mittels weniger Sitzungen. In anderen Fällen dauert eine Veränderung wieder länger. Denn eine Einstellung zum Leben wie z. B. tiefes Mißtrauen gegenüber allem Neuen, die 30, 40 oder mehr Jahre das Verhalten bestimmt, braucht Zeit und Geduld zur Veränderung.

• **Verkaufstraining**

Verkäufer wollen/müssen verkaufen. Also suchen sie nach Möglichkeiten, ihre Fähigkeiten zu erweitern. Wirksame Kommunikationsmethoden wandern deshalb sehr schnell in den Verkaufsbereich, so auch NLP. Für jemand, der erfolgreichen Umgang mit Kunden pflegen will, sind die Entdeckungen des NLP über den Rapport (s. S. 18) und die unterschiedlichen persönlichen Kundenstile von unschätzbarem Wert. Dazu kommen Methoden, die eigene Belastbarkeit zu erhöhen und Ressourcen zu wecken.

Von den Grundgedanken her kommt es NLP auf die langfristige Zufriedenheit von Verkäufer **und** Kunden an, und nicht um einseitige Durchsetzung. (Daß es in der Praxis leider anders ausschaut, dazu mehr im Abschnitt „Kritik".)

• Training für Führungskräfte

NLP gibt viele Anregungen für die tägliche Praxis. Es beschreibt Einstellungen und Haltungen, die jede Führungskraft nutzen kann. Die Grundhaltungen und ihre Anwendung im Führungsalltag finden Sie ausführlich in meinem Buch „Exzellente Kommunikation mit NLP" beschrieben.[5]

• Pädagogik

Insbesondere über die Suggestopädie haben NLP-Elemente das moderne Lehren und Lernen erreicht. Insgesamt ist in der Pädagogik NLP noch nicht soweit verbreitet, obwohl einzelne Lehrer ein großes Interesse haben. Ein pädagogisches Feld, dem sich NLP in Amerika stark gewidmet hat, ist das Erlernen der (sehr schwierigen) englischen Rechtschreibung.

• Medizin und Gesundheit

Immer deutlicher wird der heutigen Medizin, wie stark der Einfluß von tiefsitzenden Überzeugungen auf Entstehung und Verlauf von Krankheiten ist. Resignation und Hilflosigkeit verstärken Krankheiten und hindern ihre Heilung. Dagegen unterstützen Hoffnung und eine positive Haltung die Selbstheilungskräfte.

NLP beeinflußt Überzeugungen und innere Vorstellungen mit vielen direkten Techniken und Methoden. Dabei geht es nicht um Appelle (Denk positiv!), sondern um eine konstruktive Veränderung der inneren Denk-Programme.

1.5 Wichtige NLP-Begriffe

Die grundlegende Fähigkeit, um NLP anzuwenden, ist die eigene geschulte **Wahrnehmung.**

Je genauer jemand mit allen seinen Sinnen wahrnimmt, desto eher hat er die Möglichkeit, angemessen und erfolgreich auf seine Mitmenschen einzugehen. Es gilt, die Einmaligkeit des anderen und genau dessen speziellen Reaktionen zu entdecken.

---

[5] Ulsamer, Bertold: Exzellente Kommunikation mit NLP. Als Führungskraft den Draht zum anderen finden. Offenbach: GABAL, 6. Aufl. 1997

Ziel ist es, immer **flexibler** zu werden. Wer daher ein Handbuch mit Rezepten von NLP erwartet, wird enttäuscht sein. Statt dessen gilt: Es gibt kein Verhalten, das von vornherein richtig oder falsch ist. Stets existieren verschiedene Wege, die auszuprobieren sind. Entscheidend ist immer die Wirkung.

Ein Grundsatz für die Kommunikation lautet: Jedes Verhalten des Gegenübers ist ein **Feedback** für das eigene Verhalten. Wenn man vom Gegenüber eine andere Reaktion bekommt als die, die man wünscht, ist die Erklärung nutzlos, daß der andere "nicht will". Sein Verhalten ist der Hinweis darauf, daß man flexibel und kreativ neue Möglichkeiten suchen muß, **sich selbst** anders zu verhalten.

Beispiel:

> Außendienstmann Mayer hat sich im Seminar einen Weg zurechtgelegt, wie er sich besser auf seinen schwierigen Chef Schütz einstellen kann. Er probiert es beim nächsten Gespräch mit Schütz, aber dieser reagiert eher noch abweisender.
>
> Mayer ist nicht frustriert, sondern versteht das Feedback durch Schütz als: „So nicht!". Das war also nicht der richtige Weg! Jetzt fühlt sich Mayer erst recht herausgefordert, beim nächsten Mal eine positive Reaktion zu erzielen. „Das wäre doch gelacht!", sagt Mayer zu sich selbst.[6]

• **Ressourcen und "Block"**

NLP unterscheidet „Ressourcen" und „Blocks", zwei Zustände, die jeder von uns kennt.

Mit „Ressourcen" sind alle Kräfte, Fähigkeiten und nützliche Erfahrungen gemeint, die wir bisher eingesetzt und gemacht haben. Im Zustand der Ressourcen schöpfen wir unser Potential ganz aus. Dagegen sind wir im Zustand des „Blocks" von diesen unseren Kräften abgeschnitten. Wir haben den aktuellen Zugang zu ihnen verloren. Wir sind „blockiert" („stuck state").

Beispiel:

> Sie stehen an einem Frühlingsmorgen gutgelaunt auf, frühstücken genußvoll und machen sich dann voller Schwung an Ihre

---

[6] Ulsamer a.a.O.

Arbeit. Sie sind klar und ideenreich. Körperlich fühlen Sie sich entspannt und gleichzeitig voller Tatkraft. Sie befinden sich im Zustand Ihrer Ressourcen.

Ganz anders an einem Regentag ein paar Wochen später. Lustlos quälen Sie sich aus dem Bett. Trübe Gedanken begleiten Sie den ganzen Tag. Problemen stehen Sie hilflos gegenüber. Alles geht daneben. Ein wichtiges Gespräch versieben Sie. Ihre Ressourcen haben Sie vergessen. Sie sind blockiert.

NLP hat viele Methoden entwickelt, um von diesem blockierten Zustand wieder in den ressourcevollen Zustand zu gelangen. Probieren Sie gleich die nächste Übung aus!

Übung

1. Welche Situation aus Ihrem Alltag fällt Ihnen spontan ein, in der Sie sich immer wieder blockiert fühlen?
2. Welche Fähigkeit oder Eigenschaft (Ressource) würde Ihnen in dieser Situation gut tun? Finden Sie die richtige Bezeichnung.
3. Wann haben Sie diese Ressource das letzte Mal in einer Situation voll erlebt?
4. Erinnern Sie sich genau daran, was Sie in dieser Situation gesehen und gehört und wie Sie sich gefühlt haben.
5. Wie wäre es, wenn Sie diese Ressource in der blockierten Situation zur Verfügung hätten?

Eine Fülle von Anregungen, mittels NLP die eigenen Ressourcen zu wecken, finden Sie – nicht nur als Manager – in meinem Buch „Erfolgstraining für Manager"[7]

• Moment of Excellence

Mit „Moment of Excellence" sind die Höhepunkte unseres Lebens gemeint, als wir im Vollbesitz aller unserer Ressourcen waren. Das waren Momente, in denen wir ganz besonders glücklich, entspannt, mutig oder liebevoll waren. Jeder kennt diese Augenblicke, wenn man sie auch oft wieder vergißt.

(Zwischendurch die Frage an Sie, liebe Leserinnen, liebe Leser: Was waren die wichtigsten Moments of Excellence in Ihrem Leben?)

---

[7] Ulsamer, Bertold: Erfolgstraining für Manager. Ihr Mentalkurs zur Spitzenleistung; ECON: Düsseldorf 1992

Wir befassen uns mit diesen Erfahrungen, um häufiger Glück, Entspannung, Lebensfreude oder Mut zu erleben. Mit NLP wurde erkannt: Wir lernen, statt uns immer nur mit Problemen herumschlagen, am besten und das Beste von unseren Moments of Excellence!

• Rapport

„Rapport" ist ähnlich wie der „gute Kontakt". Dieser gute Kontakt ist die Grundlage für die Verständigung zweier Menschen. Wenn er fehlt, wird die Kommunikation schwierig.

Rapport gilt immer dann, wenn die Kommunikation „stimmig" ist. So hat beispielsweise ein Liebespaar häufig Rapport. Es gibt aber auch hier immer wieder Momente, in denen der Rapport fehlt („Rapportbruch").

Beobachten Sie einmal aufmerksam, was abläuft, wenn sich zwei Leute in einem Café gut unterhalten. Häufig haben beide die gleiche oder ähnliche Körperhaltung. Besonders auffällig ist der gemeinsame Bewegungsrhythmus. Verändert der eine seine Haltung, bewegt sich der andere mit. Es ist fast wie eine Art Tanz. Beide halten, ohne sich bewußt Mühe zu geben, Rapport miteinander.

• Pacing und Leading

Was kann der einzelne tun, um diesen guten Kontakt herzustellen? Durch Beobachten, Zuhören und Verhaltensanalysen haben die NLP-Forscher herausgefunden: Das Wichtigste dabei ist, sich dem anderen anzugleichen, das „Pacing". „Pacing" läßt sich wörtlich übersetzen als „in gleichem Schritt mit jemandem gehen". Dabei stelle ich mich zunächst voll und ganz auf meinen Partner ein, um in einen gleichen Rhythmus mit ihm zu gelangen.

Pacing kennt viele Ebenen. Manchmal wird es auch als „Spiegeln" bezeichnet. Es ist da, wenn ich die gleiche Sprache spreche, einen ähnlichen körpersprachlichen Rhythmus finde und emotional die gleiche Schwingung aufnehme. Es ist da, wenn ich mich auf die Interessen des anderen einstelle und seine Bedürfnisse verstehe.

Diese Fähigkeiten sind für jede Tätigkeit wichtig: Für den Lehrer, für die Abteilungsleiterin, für den Verkäufer und auch für die Rolle des Ehepartners.

„Leading" ist „führen". Wenn ich mich auf den anderen eingestellt und eingestimmt habe, dann kann ich ihn auch ein Stück in eine Richtung mitnehmen. Der andere wird aber nur solange mitgehen, wie der Rapport besteht.

Leading ist kein Wundermittel, mit dem jemand einen anderen (ver)führen oder manipulieren kann. Denn in dem Moment, in dem der Handelnde **einseitig** seine Richtung durchzusetzen versucht, zieht sich der andere aus dem guten Kontakt zurück. Der Rapport bricht und muß wieder neu aufgebaut werden.

Beispiel:

Maria kommt gutgelaunt ins Zimmer und findet Hans im Sessel sitzend, wie er gerade deprimierten Gedanken über das schiefgegangene neue Projekt in seiner Abteilung nachhängt. Auf ihr munteres: „Laß doch den Kopf nicht so hängen!", sagt er resigniert mit leiser, langsamer Stimme: „Mir geht es halt im Moment nicht so gut." (Kein Rapport)

Jetzt ändert Maria ihren Tonfall und ihre Lautstärke. Sie spricht jetzt leiser und langsamer. (Pacing der Sprache) „An was denkst du denn gerade?", fragt sie.

Jetzt schaut Hans auf. Er fängt an, von den Schwierigkeiten zu berichten. (Rapport wird aufgebaut)

Nach einer Minute meint Maria ermutigend: „Aber das bringst du doch wieder mit links in Ordnung!" (Versuch des Leadings)

Hans dreht sich zur Seite. Seine Stimme wird plötzlich wieder leiser, als er sagt: „Ich glaube, du verstehst nicht, wie schwierig das für mich ist." (Rapportbruch)

„Tut mir leid, wenn ich das nicht richtig aufgenommen habe", sagt jetzt Maria mit langsamer Stimme. „Erzähl mir doch bitte genauer." Während Maria die ganze Zeit vorher noch gestanden hat, setzt sie sich jetzt auf den Nachbarsessel (Pacing der Körperhaltung) und hört aufmerksam zu.

Nach einigen Minuten wird sie langsam lebhaft und erkundigt sich genau danach, was denn der nächste Schritt ist, den Hans tun muß. Sie richtet sich auf. Ihre Stimme wird etwas schneller und lebendiger. (Versuch des Leadings)

Hans taut jetzt ebenfalls auf, er wird munterer. Als Maria spontan lächelt (Leading), lächelt er ebenfalls. Seine Stimmung ist nun deutlich besser.

Die wichtigsten Schritte zu einer positiven Beeinflussung sind:
1. Rapport herstellen durch Pacing.
2. Dann zum Leading übergehen, den anderen ein Stück in eine Richtung mitnehmen.
3. Bei Rapportbruch sich wieder zurücknehmen und erneut den guten Kontakt durch Pacing aufbauen.

• **Repräsentationssysteme**

Beispiel (aus dem empfehlenswerten NLP-Buch von Claus und Daniela Blickhan „Denken, Fühlen, Leben"):

> Fünf Italienurlauber treffen sich und sprechen über Hotels in Neapel.
>
> Der erste ist ganz begeistert von seinem Hotel. Das Essen war großartig und die Weine Spitzenklasse. Die Zimmer fand er okay.
>
> Der zweite hat seinen Aufenthalt ganz anders erlebt. Er kann sich noch gut erinnern, wie schrecklich laut es in seinem Hotel war. Anscheinend wurde die ganzen Nächte um ihn herum gefeiert, so daß er nicht zum Schlafen kam. Sein Hotel war eine „Krachbude", meint er.
>
> Der dritte hat wieder gute Erfahrungen gemacht. Er hat ausgezeichnet geschlafen. Verglichen mit den üblichen italienischen Zimmern, hatte er sehr viel Raum, und das Bett war äußerst bequem. Auch sonst fand er es sehr gemütlich und fühlte sich einfach wohl.
>
> Der vierte dagegen war ziemlich unzufrieden. Statt gemütlich fand er das Hotel schmuddelig. Wo man hinsah, Staub und Schmutz! Außerdem war es überall so dunkel und unübersichtlich. Nicht weiterzuempfehlen, findet er.
>
> Der fünfte schließlich meint nur: „Ich hatte einfach Pech. Mein Hotel stand in der Nähe des Fischmarkts. Dieser schreckliche Gestank. Ich hätte mir fast eine Nasenklemme gekauft!"
>
> Die Überraschung kommt, als sich unsere Reisenden über den Namen ihres Hotels unterhalten. Sie stellen fest, daß sie alle im gleichen Hotel „Vesuvio" gewohnt hatten![8]

Wir alle nehmen die Welt mit unseren fünf Sinnen wahr:

• wir sehen (visuell)
• wir hören (auditiv)
• wir spüren und fühlen (kinästhetisch)
• wir riechen (olfaktorisch).
• wir schmecken (gustatorisch).

---

[8] Blickhan/Blickhan: Denken, Fühlen, Leben; mvg-Verlag: Landsberg 1989.

Unsere Italienreisenden haben ihr Hotel unterschiedlich wahrgenommen, weil jeweils ein anderer Sinn ihre Wahrnehmung bestimmt hat.

Die wichtigsten Sinne sind in unserer Kultur das Sehen, Hören und Spüren oder Fühlen. Die meisten Menschen bevorzugen einen oder zwei Sinne. Mit diesem Sinn machen sie sich ihre ganz **individuelle Vorstellung von der Welt**, repräsentieren sie in ihrem Innern. Daher wird der bevorzugte Sinn „Repräsentationssystem" genannt. Was jemand von der Welt wahrnimmt und speichert, ist immer nur ein Teilbereich. Jeder formt sich so etwas wie eine persönliche "Landkarte" der Welt. Danach orientiert er sich und trifft seine Entscheidungen.

Ein sehr wichtiger Kernsatz des NLP ist: Die Landkarte ist nicht die Landschaft! („The map is not the territory.") Das heißt: Die eigene Wahrnehmung der Welt ist nicht objektiv oder "wahr". Es gibt noch viele andere – und oft bessere – Landkarten der Welt. Spannend dabei ist die Entdeckung, daß die jeweils bevorzugte **Wahrnehmung an der Sprache erkennbar** ist. Denn jeder verwendet besonders gern und häufig die Worte und Begriffe, die aus dem bevorzugten Sinneskanal stammen.

Beispiel:

> Mitarbeiter Schmidt hat Probleme mit einem Projekt, das ihm sein Chef übertragen hat.
>
> Schmidt: „Ich habe das **Gefühl,** die ganze Planung ist ungenügend."
>
> Chef: „Also, **schauen** Sie mal her. Wir haben uns im Vorfeld alle möglichen Hindernisse **angesehen,** die sich uns in den Weg stellen könnten und festgestellt, daß unsere **Aussichten glänzend** sind."
>
> Schmidt: „Ich **spüre** aber, daß das noch nicht genügend war."
>
> Chef: „Sie haben wieder einmal ihre negative **Brille aufgesetzt.** Kein Wunder, daß Sie **schwarz sehen!"**

Schmidt verwendet bevorzugt Worte aus dem Fühlbereich, während sein Chef eine „visuelle Sprache" hat. Schmidt und sein Chef haben unterschiedliche Auffassungen, möglicherweise wegen ihrer unterschiedlichen Wahrnehmung. Außerdem sprechen sie zwei verschiedene „Sprachen", was die Verständigung in jedem Fall erschwert.

Noch ein Beispiel:

Neutral ausgedrückt: „Ich finde ihren Vorschlag nicht gut"!
Visuelle Sprache: „Da **sehe** ich aber Probleme."
Auditive Sprache: „Das **klingt** nicht gut."
Kinästhetische Sprache: „Das **fühlt** sich für mich nicht gut an."

Mit NLP lernen Sie die unterschiedlichen „Sprachen" zu erkennen und zu gebrauchen. Damit erleichtern Sie den guten Kontakt zu anderen.

• **Augenmuster**

Was jemandem gerade durch den Kopf geht, ob er z. B. innerlich Bilder sieht, Stimmen hört oder Gefühle wahrnimmt, läßt sich auch an der Stellung der Augen ablesen. Damit ist NLP zunächst am bekanntesten geworden. Denn folgende Muster gleichen sich bei vielen Menschen.

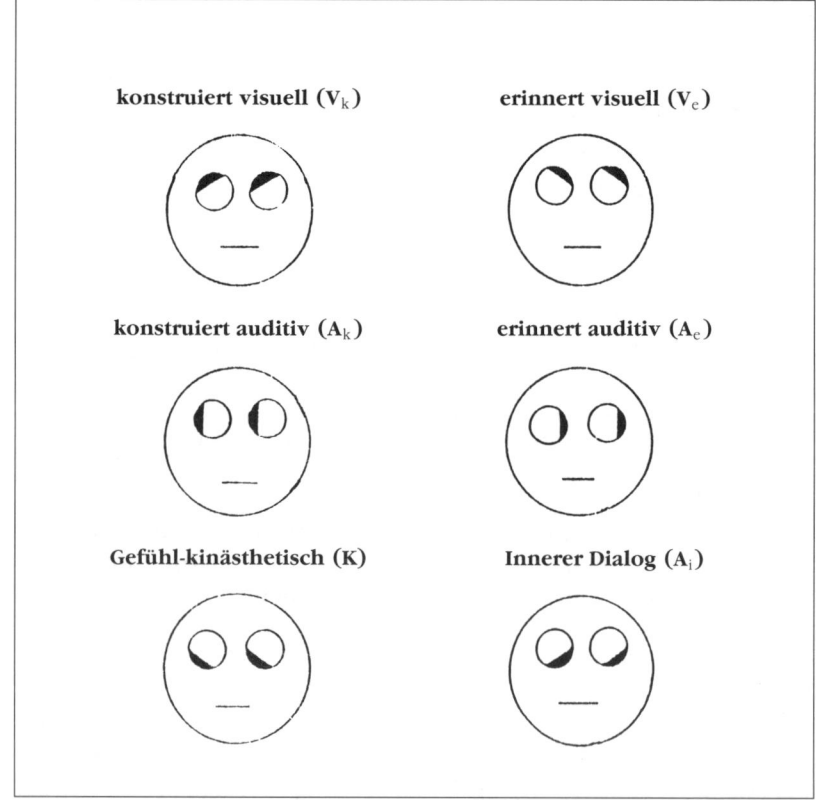

Ve = visuell erinnert. Das sind Bilder, die wir in unserem Gedächtnis gespeichert haben.

Vk = visuell konstruiert. Das sind Bilder, die wir entweder abgeändert (z. B. andere Perspektive) gespeichert oder vollständig neu phantasiert haben.

Ae = auditiv erinnert. Das sind Töne oder Stimmen, an die wir uns erinnern.

Ak = auditiv konstruiert. Das sind Töne oder Stimmen, die wir entweder abgeändert (z. B. andere Perspektive) gespeichert oder vollständig neu phantasiert haben.

K = kinästhetisch. Das sind Körpergefühle und Tasteindrücke.

Ai = innerer Dialog. Den führen wir, wenn wir mit uns selbst sprechen.

Fangen Sie an, mehr auf die Augenbewegungen Ihres Gegenübers zu achten! Bedenken Sie aber dabei:

- Möglicherweise hat ausgerechnet Ihr Gegenüber andere Muster als die „normal" üblichen. Sie müssen sich auf jeden Menschen individuell einstellen.

- Häufig bewegen sich nach einer Frage die Augen in viele Richtungen, weil jemand innerlich in vielen Bereichen die Antwort sucht.

- Sie können an den Augenbewegungen nur ablesen, in welchen Sinnesbereichen sich jemand bewegt, aber nicht, was er denkt. Sie können also nicht wissen, daß jemand lügt, nur weil er beispielsweise Bilder konstruiert. (Das erwähne ich ausdrücklich, weil mir ein Seminarteilnehmer erzählt hat, es gäbe Trainer, die so etwas als NLP lehrten. Das sind die Trainer, vor denen ich an anderer Stelle warne.)

Wenn jemand die Augen bewegt, dann denkt er nach und es geschieht eine Menge im Gehirn. Diese Prozesse sind wichtig und nehmen einen Großteil der Aufmerksamkeit gefangen. Wenn ein anderer während dieser Zeit weiter erzählt, selbst Antworten gibt oder neue Fragen stellt, dann stört er die Prozesse des anderen. Wer gestört wird, kommt aus seiner Bahn und wird unwillig.

Nutzanwendung:

An den Augenstellungen können Sie erkennen, daß jemand denkt. Stören Sie Ihr Gegenüber nicht bei seinen Denkprozessen!

Wir machen uns dabei oft nicht klar, daß die Denkpausen des Gegenübers der Beweis dafür sind, daß wir eine gute Frage gestellt haben. Eine gute Frage eröffnet neue Denkwege und stellt alte Gedankenmuster in Frage. Um eine derartige Frage zu beantworten, braucht der Beantworter Zeit und Ruhe!

• Ankern

"Ankern" bedeutet die feste Verbindung von einem Gefühl mit einem Bild, Ton oder einer Berührung.

Das heißt, ein bestimmtes Gefühl wie Freude oder Trauer kommt automatisch hoch,

- wenn ein bestimmtes Bild gesehen wird (z. B. Urlaubsfoto)
- wenn ein bestimmtes Geräusch ertönt (z. B. Werksirene)
- wenn eine bestimmte Körperstelle berührt wird
  (z. B. Schulterklopfen).

Es ist eine Koppelung von Reiz und Reaktion, ähnlich wie bei der klassischen Konditionierung. Bei der NLP-Entwicklung hat sich herausgestellt, daß häufig ein **einmaliges** gemeinsames Auftreten von einem Gefühl mit einem visuellen, auditiven oder kinästhetischen Reiz genügt. Ankern ist eine Technik im NLP, die dazu dient, Ressourcen in Situationen zu wecken in denen jemand blockiert ist.

Beispiel:

Bei einer Beratung erzählt der Klient angeregt von einer Situation, in der es ihm ganz besonders gut ging. Die Therapeutin drückt in dem Moment, als der Klient strahlt und sich freut, fest auf seinen Ellbogen. (Sie ankert!)

Zwei Minuten später, als das Gespräch wieder ruhiger geworden ist, drückt sie auf die gleiche Ellbogenstelle. Unwillkürlich fangen die Augen des Klienten wieder etwas zu strahlen an. Das zeigt, daß das gute Gefühl jetzt fest mit dieser Berührung verbunden, d. h. geankert ist.

Als der Klient dann später von seinem Problem erzählt und die Therapeutin Ressourcen wecken will, berührt sie ihn erneut am Ellbogen. Wieder richtet sich der Klient ein Stückchen auf, die Augen entspannen sich. Während er bisher von seiner Kraft abgeschnitten war, fließt sie jetzt ein Stück mehr in diese neue Situation.

Ankern ist etwas, was „Neulinge" stark verblüfft, weil das Ergebnis so überraschend ist. Dabei ist es etwas, was ständig in unserem Alltag geschieht. Wir sind umgeben von Ankern, das heißt Auslösungsreizen für gute oder schlechte Gefühle, die uns oft automatisch die Gefühle ändern lassen.

• Reframing

„Reframing" bedeutet wörtlich übersetzt „einen neuen Rahmen geben". Das Ziel ist, durch eine neue Perspektive Verhalten, das bisher abgelehnt wurde, in neuem positivem Licht zu sehen. Damit entdecken wir im Negativen das Positive, in den Schwächen die Stärken.

Beispiel:

Zu Leslie Cameron-Bandler kam eine Klientin mit einem schlimmen Putz- und Ordnungszwang. Diese Frau rastet vor allem dann aus, wenn sie auf dem über alles geliebten Teppich immer wieder die Fußstapfen ihrer drei Kinder entdeckt. Leslie geht so vor[9]:

„Ich möchte", sagte sie zu ihr, „daß Sie die Augen schließen und Ihren Teppich vor sich sehen, und Sie sehen, daß nirgendwo auch nur ein einziger Fußabdruck ist. Er ist sauber und flauschig – ganz ohne Makel." Die Frau schloß die Augen, sie war im siebenten Himmel und lächelte verzückt. Dann sprach Leslie weiter: „Und machen Sie sich bewußt, daß das bedeutet, daß Sie vollkommen allein sind; die Menschen, für die Sie sorgen und die Sie lieben, sind nirgendwo in der Nähe." Der Gesichtsausdruck der Frau veränderte sich schlagartig; sie fühlte sich entsetzlich. Dann fuhr Leslie fort: „Jetzt setzen Sie ein paar Fußstapfen darauf und betrachten sich diese Fußstapfen, und Sie wissen, daß die Menschen, die Ihnen in der Welt am wichtigsten sind, in Ihrer Nähe sind." Und da fühlte sich die Frau wieder gut.

Die Kunst des NLP'lers besteht darin, im Rapport mit den Ideen und Vorstellungen seines Gesprächspartners zu sein. Dann kann er, wie im Beispiel eben, behutsam eine neue konstruktive Sichtweise nahebringen. Die Fußstapfen bleiben gleich. Aber sie sind kein Anlaß zum Ärger mehr, sondern ein Grund zur Freude. (Kein Reframing ist es, wenn ich „mit einem schlauen Spruch", was alles gut an einer schlimmen Situation ist, jemanden verärgerc.)

---

[9] Bandler/Grinder: Reframing. Ein ökologischer Ansatz in der Psychotherapie; Junfermann: Paderborn 1985.

Zwei Perspektiven sind beim Reframing möglich.

Einmal verbirgt sich **in jedem Fehler** auch **eine Stärke.** Wer sich immer vordrängt, der besitzt ein gutes Durchsetzungsvermögen. Und wer sich immer schüchtern im Hintergrund versteckt, der besitzt sehr viel Rücksichtnahme gegenüber anderen.

Allerdings: In manchen Situationen ist das Vordrängen unangemessen (z. B. in einer Teamsitzung), so wie in manchen Situationen der schüchterne Aufenthalt im Hintergrund nicht angebracht ist (z. B. wenn ich denke, daß ich eine Gehaltserhöhung verdiene).

Für solche Situationen muß der Betreffende etwas Neues dazulernen, nämlich: Die Qualitäten des Verhaltens, das bisher als „Fehler" abgelehnt wurde, in anderen Situationen als Stärken anzusehen. Denn es sind wertvolle Fähigkeiten, durchsetzungsfähig oder rücksichtsvoll zu sein. **Keiner muß sich ändern,** aber es wird ihm das Angebot gemacht **dazuzulernen.** Das nehmen die meisten Menschen gerne an.

Zum anderen läßt sich ein neuer Rahmen auch mit folgender Perspektive finden:

Jedes Verhalten (auch der schlimmste Fehler!) hat einen Nutzen und eine **positive Absicht** für die betreffende Person. Diese Absicht ist oft versteckt. Es ist gut, sie herauszufinden und sie auf sinnvollere Weise als bisher zu befriedigen.

Beispiel:

Sachbearbeiter Müller versucht in Teamsitzungen seine Meinung immer äußerst aggressiv durchzusetzen. Inzwischen mag schon keiner mehr mit ihm reden und er wird immer mehr isoliert.

Was ist die verborgene positive Absicht? Müller möchte gern positiv auffallen und Anerkennung. Was er früh in seiner Familie gelernt und später auch in der Schule erfahren hat: Dazu muß er sich vordrängen. Das ist das einzige, was er bisher gelernt hat.

Wie läßt sich die positive Absicht auf sinnvollere Weise als bisher befriedigen?

Als Müller die Aufgabe übertragen wird, die Teamsitzungen vorzubereiten, und als seine sorgfältige Arbeit von allen anerkannt wird, ist er plötzlich in den Sitzungen viel umgänglicher und offener.

1.6 Was sind Kritikpunkte an NLP?

NLP wird heute von vielen begeistert empfohlen. Mit der steigenden Zahl engagierter Befürworter steigt auch die Zahl von Kritikern und derjenigen, die es ablehnen. Wie kommt das?

NLP-Missionare und Beutelschneider

Ablehnung wird einmal durch die „NLP-Missionare" verursacht. Das sind Trainer und Therapeuten (oder auch Teilnehmer nach dem ersten NLP-Seminar), die so tun oder fest daran glauben, mit NLP „den Stein des Weisen" gefunden zu haben. Endlich scheint alles erreichbar und alles machbar! Natürlich wollen sie jeden davon überzeugen und erreichen oft das Gegenteil.

Diese NLP-Marktschreier locken damit, daß sie die Wundermethode gefunden hätten, die – hopplahopp – jede Schwierigkeit auf Dauer beseitigt. Dabei können sie Teilnehmer mit einer Reihe von Techniken verblüffen, deren Ergebnisse eindrucksvoll und überzeugend sind.

So jemand wird immer sein Publikum finden, weil in vielen von uns immer noch die Sehnsucht nach dieser Wundermethode schlummert. Geschickt weckt mancher diese Sehnsucht und lockt damit.

Nur: Die Kommunikation im Alltag erfordert mehr als ein paar Techniken. Es geht um Haltungen, Einstellungen und Erfahrungen. Es ist ein **lebenslanger Lernprozeß** und kein im Supermarkt erworbenes Fertigprodukt. Es fällt einem nicht in den Schoß. Neue Fähigkeiten erfordern Übung und Training.

Aber noch wichtiger: Sie erfordern die **Integration in die eigene Persönlichkeit,** in die eigenen Werte und Überzeugungen.

Bei wem Erwartungen auf ein Fertigprodukt geweckt sind, für den sind Enttäuschungen vorprogrammiert. Wie Marylin Darling in Heft 2 der NLP-Zeitschrift MultiMind kritisch schreibt: „Eine der größten Schwächen des NLP ist meiner Meinung nach, daß Bandler und Grinder – und viele ihrer Schüler – eine entnervende Neigung dazu haben, mit ihren Aussagen zu übertreiben. Sie haben kühne und manchmal ungerechtfertigte Behauptungen aufgestellt – Phobiebehandlungen in zehn Minuten, das absolute Gehör für den Rest des

Lebens usw. – und sie wiederholen mystische Geschichten von Zeichen und Wundern . . . Es ist relativ einfach, Techniken auswendig zu lernen, selbst einen besonderen Trick geschickt genug zu beherrschen, um andere zu beeindrucken. Doch es kostet Zeit, Anstrengung und Hingabe, um tiefsitzende Begrenzungen auf die Probe zu stellen und aufzuheben."

Das Beherrschen bestimmter Methoden und Techniken macht noch nicht zur exzellenten Führungskraft, zum exzellenten Verkäufer, zum exzellenten Trainer. Ein Schnelldurchgang mit 3 Tagen NLP-Techniken wird niemals aus dem rigiden Abteilungsleiter die offene, flexible Führungspersönlichkeit machen können. Denn es genügt nicht, wie ein perfekter Schauspieler alle die Verhaltensweisen zu studieren und zu erlernen, die die Menschen nach unseren persönlichen Wünschen beeinflussen. Damit würden wir in einem Schlaraffenland der perfekten Chefs, Mitarbeiter, Kunden und Ehepartner leben. Mancher hätte gern, daß das so funktionieren würde. Aber dem ist nicht so.

Denn: Menschen lassen sich nicht auf Dauer durch angelerntes Verhalten manipulieren. Wer mit einem aufgesetzten Verhalten und irgendwelchen Tricks kommt, der kann einen anderen einmal täuschen und oft auch ein zweites oder drittes Mal. Aber dann ist der andere auf der Hut und unterscheidet, was Schauspielerei und was echt ist.

NLP selbst ist nur eine (von vielen möglichen) Beschreibung der Welt oder eine „Landkarte der Wirklichkeit". Diese Landkarte beschreibt eindeutiger, umfassender und einfacher als jede andere mir bekannte Methode die Fähigkeiten, die zur erfolgreichen Kommunikation notwendig sind. Aber **NLP ist nicht die Wirklichkeit,** die viel reicher, geheimnisvoller und komplexer ist.

Ein weiterer Grund, warum NLP in Mißkredit gerät, ist das liebe Geld. Nachdem NLP boomt, wollen eine Menge Leute – insbesondere in Verkäuferschulungen und im Managementtraining – damit Geld verdienen. Manche sind unzureichend oder gar nicht ausgebildet, haben vielleicht nur ein oder zwei NLP-Bücher gelesen. Sie behaupten nun, sie würden NLP anwenden. Kein Wunder, daß es da manchen Laien und erst recht dem Fachmann graust!

Macht oder Kooperation?

Eine entscheidende Frage für jeden NLP-Anwender ist, was er genau von NLP will:

- Will ich meine eigenen Ziele mit List und Gewalt auf Kosten von anderen durchsetzen?
- Strebe ich danach, meine Mitmenschen auszutricksen und nach Kräften zu manipulieren?
- Will ich Techniken und Methoden kennenlernen, um jeden anderen zu verändern – nur mich selbst nicht?
- Oder habe ich erkannt, daß mich auf Dauer nur ein Verhalten befriedigt, das die Bedürfnisse und Wünsche meiner Umgebung, meiner Mitarbeiter, Kollegen, Kunden, meiner Familie einbezieht?
- Habe ich Lust, alle meine Fähigkeiten einzusetzen, um selbst alte eingefahrene Bahnen zu verlassen und andere bei ihren neuen Wegen zu unterstützen?
- Will ich mehr Macht über andere oder mehr Kooperation?

Das sind grundsätzliche Entscheidungen. Diese Entscheidungen werden einem durch NLP nicht abgenommen. Sie liegen noch **vor** der Anwendung von NLP. Auf den Punkt gebracht: Der Heiratsschwindler, der zur „Fortbildung" an einem NLP-Seminar teilnimmt, wird möglicherweise hinterher sein Repertoire erweitert haben und einige Frauen leichter verführen können.

Bedauerlicherweise wird heute immer wieder auch damit gelockt und geworben, mehr Macht zu erhalten und besser manipulieren zu können. Damit gerät NLP auf eine schiefe Bahn. Recht hat jeder, der es so ablehnt! Eine solche Richtung war weder bei der Entwicklung von NLP beabsichtigt noch wird sie von den führenden Vertretern (wenigstens von den meisten) vermittelt.

Denn im gleichen Seminar, in dem unser Heiratsschwindler sitzt, lernen Lehrer, den Lehrstoff besser ihren Schülern zu vermitteln. Ehepartner verstehen besser die Reaktionen des anderen. Der „Arbeitssüchtige", der bisher eine Fülle ungelöster innerer Konflikte vor sich hergeschoben hat, fängt an, Lösungen für diese Konflikte anzupacken. Der Abteilungsleiter erfährt, wie er besser auf seine Mitarbeiter eingehen und eine noch bessere Kooperation erreichen kann. Der bisher ungeschickte Verkäufer lernt, sich besser auf seine Kunden einzustellen, ihre Sprache zu sprechen und ihre Bedürfnisse zu erfüllen.

Der NLP-Trainer oder Therapeut weckt in einem Seminar die verschütteten Ressourcen, so daß jemand mit sich selbst (und damit auch seiner Umwelt) mehr in Einklang kommt. Somit bleibt auch unser Heiratsschwindler nicht ungefährdet. Je länger er sich mit NLP befaßt (wahrscheinlich genügt nicht die 2tägige Einführung), desto stärker wird für ihn die Gefahr, daß er an grundsätzliche Probleme seiner „Berufsausübung" geführt wird. Wenn genügend seiner Ressourcen wach geworden sind, wird er sich selbst die Frage stellen und beantworten müssen, ob ihn dieser „Beruf" im tiefsten Inneren noch befriedigt. Denn seine Sensibilität und sein Einfühlungsvermögen kann er in anderen Gebieten für sich und andere befriedigender einsetzen. Im Seminar kann er dazulernen, um neue Wege einzuschlagen.

NLP ist ein hochwirksames Instrument. Es dient der besseren Kommunikation und der Entwicklung des eigenen Potentials. Wer manipulieren will, wird es mit oder ohne NLP tun, mit NLP aber noch geschickter. Wer kooperativ im Umgang mit Menschen ist, wird mit NLP mehr Möglichkeiten finden, andere Menschen zu erreichen und zu unterstützen.

1.7 Kriterien für gute NLP-Trainer und Trainerinnen

- Sie sind gründlich ausgebildet (s. S. 65)
- Sie sind realistisch – und versprechen nicht das „Blaue vom Himmel".
- Sie drücken sich verständlich aus – und verwenden keine Begriffe, die Sie nicht verstehen.
- Sie kennen sich in mehreren Methoden aus – nicht nur in NLP.
- Sie können Zweifel und Kritik an NLP vertragen – und reagieren nicht allergisch oder mit Standardantworten.
- Und auch hier gilt, unabhängig vom Können: die „Chemie" muß stimmen! Ganz gleich, wie gut jemand ist: Sie als Teilnehmer müssen mit dem jeweiligen Trainer zurecht kommen.

Bertold Ulsamer

2. NLP in Coaching und Therapie

Das Ehepaar Müller streitet nur noch. Alle Versuche, ohne Streit miteinander auszukommen scheitern. Sie stehen kurz vor der Scheidung und wissen nicht mehr weiter.

Herr Schmidt ist Raucher. Obwohl ihm sein Arzt schon seit langem rät, damit aufzuhören, ist bisher jeder seiner Versuche gescheitert.

Herr Maier traut sich nicht mehr auf die Straße. Seit er vor ein paar Monaten einen schweren Autounfall gehabt hat, bekommt er jedesmal panische Angst, wenn ein Auto auf ihn zufährt. Er schafft es einfach nicht, diese Angst zu beherrschen.

Herr Schulz nimmt seit Monaten Schmerztabletten. Immer wieder hat er während des Tages plötzlich Anfälle von Kopfschmerzen. Auch bei einer gründlichen medizinischen Untersuchung konnte keine Ursache gefunden werden.

Was haben alle diese Personen gemeinsam? Weil sie nicht mehr allein weiter wußten, gingen sie zu einem Therapeuten, der mit NLP arbeitet. Sein Vorgehen richtet sich nach den Prinzipien des NLP und er verwendet dabei bestimmte Techniken. Wie einzelne Schritte ablaufen, wird im folgenden ausführlicher beschrieben.

2.1 Was ist "Therapie"?

Dem allgemeinen Verständnis nach ist derjenige, der eine Therapie macht "seelisch krank". Seelisch krank zu sein, scheint etwas sehr Schlimmes und Gefährliches zu sein. Der Laie wirft dann noch mit Worten wie "Psychose" und "Neurose" um sich und der Eindruck entsteht, daß jemand, der zum Therapeuten geht, anormal und bedauernswert ist.

NLP-Therapeuten arbeiten mit jedem, der eine Störung persönlicher Art beseitigen möchte. Ob der Name dafür Therapie, Beratung, helfendes Gespräch oder Coaching heißt, ist unerheblich. Sie benutzen nicht den Begriff "Krankheit". Dieses Wort drängt denjenigen, der

Hilfe möchte, in eine falsche Richtung und stellt seine Beschwerden in einen falschen Rahmen. Sie arbeiten mit dem Begriff *"Störung"*.

Leute, die zum Therapeuten kommen, fühlen sich durch bestimmte Probleme oder Schwierigkeiten gestört. Sie sind unzufrieden mit etwas in ihrem persönlichen Leben und möchten das gerne ändern. Derartige Störungen kennt jeder, große und kleine. An irgendeinem Punkt des Problems kommt dann der Entschluß, Hilfe bei einem Fachmann für das Problem-Lösen zu suchen. Nicht, weil man krank ist, sondern einfach, weil es zu mühsam geworden ist, sich mit den Schwierigkeiten allein herumzuschlagen.

Schwierigkeiten und Probleme lassen sich grob in zwei Bereiche unterteilen: Da sind einmal die Störungen im *zwischenmenschlichen* Bereich. Jemand eckt beispielsweise ständig an, immer wieder stößt er sich die Nase blutig. Er kann das Kämpfen und Streiten mit anderen einfach nicht lassen. Dabei ist er selbst mit seinem Verhalten unglücklich und unzufrieden.

Ein anderer hat mit seinen Mitmenschen genau die entgegengesetzten Schwierigkeiten: Streit kann er auf den Tod nicht ausstehen. Er kann nicht *nein* sagen, wenn jemand höflich mit einer Bitte kommt. Jeder sieht seine Hilfsbereitschaft als selbstverständlich und nimmt sie gern an. Der Hilfsbereite selber streßt sich und reibt sich auf, um allen Wünschen gerecht zu werden. Er fühlt sich inzwischen nicht mehr wohl dabei, aber er weiß einfach keinen Weg, sich anders zu verhalten.

Andere Schwierigkeiten kommen stärker aus dem Betroffenen selbst, aus seinem *innerseelischen* Bereich. Jemand ist ständig depressiv, wälzt den ganzen Tag selbstquälerische Gedanken, ohne daß eine äußere Ursache zu erkennen ist. Ein anderer leidet daran, daß er sich nicht zugestehen kann, Fehler zu machen. Sein ganzes Streben geht danach, perfekt zu sein und besser zu sein als die Konkurrenten. Auf Dauer ist das sehr stressig – der Herzinfarkt ist quasi eine natürliche Folge. Auch wenn jemand die Ursachen in sich selbst erkennt, schafft er es oft nicht von allein, aus diesem Teufelskreis herauszukommen. Denn die Antreiber sind ja in ihm. Der Versuch, mit Selbstbeherrschung und Willenskraft diesen inneren Stimmen zuleibe zu rücken, fruchtet oft nichts.

NLP ist eine *Kurzzeittherapie*. Die Therapie beschränkt sich auf eine geringe Anzahl von Sitzungen. Hin und wieder reicht eine einzige Sitzung, in anderen Fällen sind es bis zu zwanzig Sitzungen, selten mehr als das. Auf diese Weise hat der Therapeut nicht den jahrelangen intensiven Kontakt mit dem Klienten wie in anderen Therapie-Richtungen. Die Verantwortung für die Lebensführung bleibt ganz beim Klienten. Er braucht keine jahrelange Betreuung und Unterstützung durch seinen Therapeuten.

Stattdessen ist das Ziel, in wenigen Sitzungen zum Kern einer Störung vorzudringen. Der Klient hat ein konkretes Anliegen und er weiß am besten, wann sein Problem beseitigt ist. Da der Therapeut ihm eine schnelle Hilfe versprochen hat, sieht er nach kurzer Zeit, ob ihm auch wirklich erfolgreich geholfen wird. Denn durch die direkte Arbeit mit der Störung sollte jede Sitzung eine Entlastung bringen und sofort hilfreich sein.

Noch ein anderer Grundsatz schützt die Freiheit und Würde desjenigen, der zum Therapeuten geht. NLP kennt nicht den Begriff des *Widerstands*. Widerstand ist in vielen Therapie-Richtungen eine Erklärung dafür, daß die Therapie nicht weiter geht. Man sagt dann gerne, der Klient blockiere und arbeite gegen eine Veränderung. Dem Klienten wird also die Schuld daran gegeben, daß der Therapeut ihm nicht helfen kann.

NLP sieht in dem Wort *Widerstand* lediglich eine Entschuldigung für Therapeuten, wenn sie nicht mehr weiter wissen. Denn es gibt keine unfähigen Klienten, wohl aber *unfähige* Therapeuten. Unfähig sind Therapeuten, die nicht in der Lage sind, jemand mit einem bestimmten Problem zu helfen. Das liegt dann nicht am Klienten. Der Therapeut hat eben (noch) nicht genügend Fähigkeiten, um dieser Situation gewachsen zu sein.

2.2   Mit welchen Methoden arbeitet der Therapeut?

Wenn eine Methode schnell und effektiv ist, außerdem für alle möglichen verschiedenen *Störungen* nützlich sein will, müssen weitreichende Grundlagen gegeben sein. Nur dann ist ein derartiger Anspruch einzulösen.

Das wichtigste Instrument ist auch bei NLP – wie wohl in jeder anderen Therapie auch – die Person des Therapeuten. Außer menschlicher Reife und Lebenserfahrung braucht der Therapeut all die Basis-Fähigkeiten, die schon beschrieben worden sind. Er baut durch PACING den RAPPORT mit dem Klienten auf, er spricht dessen Sprache und lernt, die Welt des anderen zu verstehen. Nur so kann er den richtigen Weg finden und die richtigen Techniken anwenden, um den anderen bei seiner Lösung zu unterstützen. Bei seiner Arbeit baut der Therapeut auf einige wichtige Grundlagen auf, die im folgenden beschrieben werden.

2.3 Orientierung auf das Ziel hin

Der NLP-Therapeut richtet seine ganze Aufmerksamkeit auf das Ziel. Das *Ziel* ist *die* Lösung, die sich jemand für sein Problem wünscht. Nicht der Therapeut bestimmt das Ziel, sondern der Klient! Viele andere Therapie-Richtungen versuchen, erst die Ursachen für ein Problem herauszufinden. Erst wenn sie die Ursachen analysiert haben, glauben sie, auch Wege zur Lösung zu wissen. Das Gleiche geschieht auch im Alltag: Wenn es jemand schlecht geht, beschäftigt er sich meist damit, warum es ihm schlecht geht. Dabei findet er dann meist genügend Gründe für seinen Zustand. Aber deshalb geht es ihm immer noch nicht besser!

NLP hat einen entgegengesetzten Ansatz. Der Therapeut schaut nicht zurück zu den Ursachen, sondern nach vorne zu dem Verhalten, das der Klient anstrebt. Das sucht er dann schnell und effektiv zu erreichen. Denn: mit dem neuen Verhalten sind auch die alten Probleme beseitigt.

Die erste Frage ist deshalb: Was soll das Ziel sein? Wie möchte er denn, daß es ihm geht – in möglichst präziser, plastischer Beschreibung? Nimmt man diese Frage ernst und beantwortet sie konsequent, bringt das erstaunliche Ergebnisse. Zunächst fällt auf, daß oft jemand gar nicht genau weiß, welchen Zielzustand er anstelle seines bisherigen Problems will.

Das Ehepaar Müller streitet seit Beginn seiner Ehe. Bei den kleinsten Kleinigkeiten gehen beide aufeinander los. Gerade wenn sie andere, glücklichere Paare sehen, spüren sie, wie unerträglich der jetzige Zustand ist.

Auf die Frage, was sie wollen, antworten sie: "Alles lieber als das. Wir möchten endlich aufhören, ständig zu streiten!" Und stattdessen? "Ja, eben nicht mehr streiten!" Aber was denn wirklich stattdessen? Wie sieht das präzise und plastisch aus? Wie wollen sie miteinander umgehen? Wie könnte das aussehen? Welches sind die unterschiedlichen Vorstellungen und Erwartungen? Liegt da nicht schon wieder genug Konfliktstoff, um weiterzustreiten? Können sie überhaupt ohne Streit einen Konflikt lösen? Wenn beide ernsthaft an die Beantwortung dieser Fragen gehen, stoßen sie schnell auf Schwierigkeiten. Sie können sich ein Leben ohne Streit gar nicht mehr vorstellen. Der erste Schritt, präzise zu formulieren, was sie als Ziel wollen, setzt häufig schon einen Prozeß zur Problemlösung in Gang.

Dazu kommt eine weitere Bedingung für eine präzise Zielformulierung im Sinn des NLP. Das Ziel muß vom Klienten allein erreicht werden können, d.h. unabhängig von der Mitwirkung anderer. Denn jeder soll für eine Veränderung immer bei sich selbst anfangen, nie beim anderen. Damit ist ein weiterer Stolperdraht für viele gewünschten Problemlösungen gespannt. Denn häufig machen wir uns in unseren Zielen von anderen abhängig. "Mein Ziel ist, daß der andere sich ändert." So heißt es ausdrücklich oder versteckt. Fragen wir das Ehepaar Müller, wird jeder sagen: "Also, ich streite nur, weil der andere streitet. Würde der aufhören – ich wäre auf der Stelle friedlich!" Ein unabhängig formuliertes Ziel müßte für jeden friedliebenden (aber immer wieder streitenden) Partner so aussehen, daß er sich überlegt, wie er friedlich bleiben kann, auch wenn ihn der andere mit Bemerkungen reizt und ärgert.

Mit einem derartigen klaren, präzis formulierten Ziel ist in vielen Fällen schon ein entscheidender Schritt getan.

Die letzte Hürde, die zur Zielfindung zu nehmen ist, ist die Frage der *Ökologie.* Ökologie bedeutet hier, daß ein ausbalanciertes Gleichgewicht oder System besteht, wie sich ein Mensch verhält. Änderungen nur in eine Richtung stören dieses Gleichgewicht und werden deshalb vom System nach Möglichkeit verhindert. Es gilt also, Änderungen zu finden, die allen Bedürfnissen gerecht werden.

NLP geht davon aus, daß jedes Verhalten für den Betreffenden sinnvoll ist. Auch wenn ein Verhalten nach außen hin noch so unsinnig, verrückt oder sogar selbstzerstörerisch scheint, bringt es dem Handelnden einen – meist verborgenen – Nutzen. In vielen Fällen ist sich der Betreffende selber nicht klar, welchen Nutzen er davon hat. Solange er den Nutzen nicht sieht, wird sein Kampf gegen das Verhalten selten von Erfolg gekrönt werden.

Nehmen wir das Beispiel des Rauchers Schmidt, der sich zum wiederholten Mal das Rauchen abgewöhnen wollte. Gründe gegen das Rauchen hat er genug auf der Hand: Rauchen ruiniert seine Lunge, die Zähne werden gelb und man stinkt und außerdem ist es teuer. So faßt er sich dann auch einen Vorsatz nach dem anderen, ohne daß es ihm gelingt, dieses sinnlose Verhalten aufzugeben. Was könnte alles ein verborgener Nutzen für ihn sein? Er raucht gern, wenn er nervös ist, es beruhigt ihn. Rauchen erlaubt es ihm außerdem, eine kleine Pause ganz legitim einzulegen. Und dann genießt er den Kontakt mit anderen Rauchern (PACING!). Von seiner Kindheit her hat er Rauchen als besonders männlich und eindrucksvoll im Hinterkopf. Und das alles soll er aufgeben, ohne einen entsprechenden Gegenwert?!

Der Blick sucht nach dem *verborgenen Nutzen* eines störenden Verhaltens. Die Frage ist: Was mußt du aufgeben, wenn du dein neues Verhalten verwirklichst? Was ist der *Preis?* Und - willst du diesen Preis bezahlen? Vielleicht ist bei dem streitenden Ehepaar Müller im Untergrund ein Machtkampf im Gang, bei dem jeder von beiden zeigen will, daß er der Stärkere oder Intelligentere ist. Diesen Anspruch müssen beide aufgeben, wenn sie friedlicher miteinander leben wollen. Das ist bestimmt nicht leicht, denn bisher haben sie ja sehr viel Kraft und Energie in das Besser-sein-als-der-andere investiert.

Bei der Frage, ob jemand den Preis bezahlen will, entscheiden sich viele, ein bisheriges Ziel, das ihnen immer als Traum vorgeschwebt ist, aufzugeben oder zu ändern. Auch dieser Schritt ist wichtig. Gerade das Aufgeben von alten Träumen und Zielen hilft dazu, die eigene Energie für realistische Wünsche einzusetzen.

Der Therapeut unterstützt in dieser Phase den Klienten bei der Formulierung seines Ziels. Das ist manchmal ein hartes Stück Arbeit, denn Klienten sind manchmal wie glitschige Fische, die sich nicht festhalten lassen wollen. Plötzlich müssen sie Entscheidungen fällen, für welches Ziel sie sich entscheiden und welche sie aufgeben wollen. Und das Aufgeben von alten Träumen ist immer schmerzhaft.

2.4 Flexibilität

Alle Techniken des NLP zielen in die gleiche Richtung: Durch sie soll der Klient lernen, sich in Zukunft *flexibler* zu verhalten. Jemand mit einem Problem steckt wie in einer Sackgasse. Er steht vor einer Mauer, sieht nur diese Mauer und alles in ihm sagt, daß da sein Weg weitergeht. Genau das ist aber unmöglich und so steht er und weiß nicht weiter. Der Weg, so wie er ihn gerne gehen möchte, ist versperrt. Mit einer gewissen Sturheit wartet er oder er rennt mit dem Kopf gegen die Mauer, um durchzukommen.

Wie kommt es dann, daß jemand sich nicht einfach umdreht, die Sackgasse verläßt und einen anderen Weg einschlägt? Ein Hauptgrund, um in einer solchen Sackgasse gefangen zu sein, ist der: Wichtige Informationen werden ausgeklammert und nicht mehr wahrgenommen. Der Betreffende schaut sich nicht mehr um, um neue Wege und Lösungen zu finden. Er nimmt nicht den nötigen Abstand, um Überblick zu bekommen. Viele wichtige Informationen über andere Ausgänge entgehen ihm so. Stattdessen steht er dicht vor seiner Mauer, hartnäckig entschlossen, nicht aufzugeben. Die Sackgasse wird für ihn zum Käfig.

Ein Schwerpunkt der ersten Forschungen im NLP war es, zu untersuchen, welche Informationen jemand aufnimmt und welche nicht. Wir gebrauchen unsere drei wichtigsten Sinne (Sehen, Hören, Spüren) unterschiedlich: Es gibt Menschen, die sehr einseitig nur aus einem oder zwei dieser Bereiche Informationen aufnehmen. Damit geraten sie sehr leicht in derartige Sackgassen, denn mit einseitigen Informationen verlieren sie ihre Flexibilität.

Wenn beispielsweise jemand nur mit den Augen Informationen aufnimmt, dann verliert er immer mehr den Kontakt zu seinen Gefühlen. Ihm geht eine wesentliche Quelle von Wahrnehmungen zur Entscheidungshilfe verloren. Er spürt bestimmte Lösungen einfach nicht.

Ein anderer sieht nichts von seiner Umwelt. Er fühlt nur und bleibt eingeschlossen in seinen Gefühlen. So sieht er nicht, wie Leute auf ihn reagieren und welche Gefühle sich in ihren Gesichtern zeigen. Stattdessen orientiert er sich an seinen eigenen Gefühlen, deren Wurzeln oft bis in die Kindheit zurückreichen und seinem aktuellen Leben nicht mehr angemessen sind. In seinem eigenen Innenleben dreht er sich wie im Kreis. Den Zugang zur Realität über das Sehen hat er verloren.

Je mehr jemand die gegenwärtige Welt um sich herum wahrnimmt, desto mehr löst er sich aus alten Programmen. Er wird angemessener und flexibler reagieren. Und je flexibler er ist, desto mehr Wahlmöglichkeiten hat er, um sich selbst den Weg aus Sackgassen zu suchen.

2.5   RESSOURCEN wecken

Die Grundannahme des NLP ist, daß jeder alle Kräfte, Fähigkeiten und Erfahrungen (RESSOURCEN) hat, um sein Leben erfolgreich zu bewältigen. Denn die meisten Menschen unterscheiden sich nicht so sehr in den Anlagen und Möglichkeiten, wohl aber in dem, was sie aus ihren Möglichkeiten machen. Um die erwünschten Ziele zu erreichen, gilt es, die eigenen Kräfte zu wecken und in die kritischen Situationen hineinzubringen.

> Manager Müller ist im totalen Streß. Aktenberge türmen sich auf seinem Schreibtisch. Angespannt und angestrengt macht er sich an die Arbeit, den Berg zu bewältigen. Jeden Abend kommt er abgekämpft und unzufrieden vom Büro nach Hause. Er fühlt sich körperlich geschafft und überbeansprucht. Die Arbeitskollegen und die Familie beginnen unter ihm zu leiden. – Der gleiche Müller hat als Hobby das Bergsteigen. In seinem Urlaub sucht er die schwierigsten Alpentouren heraus und geht bis an die Grenzen seiner körperlichen Leistungsfähigkeit. Jeden Abend ist er erschöpft, aber ausgeglichen und zufrieden. Gut erholt, mit neuem Schwung kommt er aus dem Urlaub zurück.

Zwei Berge, die Müller zu bewältigen hat: Zuhause die Akten, im Urlaub die Alpen. Die Anstrengung ist die gleiche. Was macht den Unterschied?

Die Alpen erlebt Müller als persönliche Herausforderung, auf deren Bewältigung er stolz ist. Er spürt die eigenen Kräfte und hat Spaß daran. Diese Einstellung fehlt Müller, wenn er vor seinem Aktenberg steht. Der entscheidende Schritt wäre es, die Einstellung Spaß an der Herausforderung von den Alpen auf die Akten zu übertragen. Dann wird aus der mühseligen, widerwillig vorgenommenen Aktenerledigung plötzlich eine befriedigende Aufgabe, deren rasche Erledigung das eigene Können zeigt.

NLP hat Techniken entwickelt, solche Einstellungen aus der ursprünglichen Situation herauszulösen und in andere Situationen hinüberzunehmen (COLLAPSING ANCHORS). Mit Hilfe von Entspannungszuständen, bildhaften und körperlichen Übungen gelingt es, positive Kräfte in die negativen *blockierten* Situationen hineinfließen zu lassen und sie dadurch zu verändern.

Diese Technik wird im folgenden Beispiel angewendet. Der Klient sucht Hilfe, weil er jedesmal Herzklopfen und Schweißausbrüche bekommt, wenn er zu seinem Chef gerufen wird.

Therapeut: "Erinnern Sie sich an eine Situation, in der Sie ganz und gar sicher und ruhig waren. Eine von den ganz seltenen Ausnahmesituationen, die aber jeder Mensch ab und zu erlebt. Erleben Sie die Situation noch einmal, als wäre sie jetzt gegenwärtig und nehmen Sie die gleiche Körperhaltung ein." Der Therapeut beobachtet die kleinen Veränderungen, die jetzt beim Klienten geschehen, im Blick, in der Haltung, im Gang, beim Atmen usw. Er sucht dabei nach einer besonders wichtigen körperlichen Veränderung. In dem Moment, als der Klient sich ganz sicher und ruhig fühlt, läßt er die Schultern sinken und atmet tief aus. Diese Bewegung wiederholt er nun auf Anweisung des Therapeuten bewußt mehrmals und beobachtet die positive Wirkung, die sie auf ihn hat.

Im nächsten Schritt stellt der Klient sich eine Begegnung mit seinem Chef vor und bei dieser Vorstellung läßt er die Schultern sinken und atmet tief aus. Die Sicherheit und Ruhe aus der Bewegung fließt plötzlich in die belastende Situation. Der Klient kommt in Kontakt mit seinen RESSOURCEN und findet in der Phantasie erfolgreiche neue Verhaltensmöglichkeiten. Diese Bewegung hilft ihm auch in Zukunft, wenn er seinem Chef gegenübertritt. Er kann sich sozusagen am eigenen Schopf aus dem Sumpf ziehen.

2.6   Programme des Gehirns

Jeder Mensch nimmt mit seinen Sinnen die Umwelt wahr. Er sieht, hört, spürt, riecht usw., was sich um ihn herum äußerlich abspielt. Daneben laufen aber auch "in dem Kopf" Vorgänge ab, die wahrnehmbar sind. Man erinnert sich an seine Lieblingsmusik, sieht innerlich das Bild seines Urlaubsorts oder stellt sich vor, wie angenehm es ist, das warme Wasser in der Badewanne zu spüren. Jeder sieht innere Bilder und hört innere Töne, Stimmen, Musik usw. Das sind entweder wirklich erlebte Erinnerungen oder konstruierte Phantasien.

Viele alltägliche Reaktionen lassen sich durch die Aufschlüsselung der inneren Prozesse verstehen, aber auch beeinflussen. Wie kommt es beispielsweise zur Eifersucht? Was verbirgt sich an inneren Vorgängen hinter diesem Gefühl? Ein häufiger Weg ist: Jemand stellt sich seine(n) Partner(in) mit dem Nebenbuhler vor. Genauer gesagt, er konstruiert bildlich eine derartige Situation, wie sie sein könnte. Diese inneren Bilder schaut er sich an - und beim Ansehen empfindet er dann Eifersucht.

Diese inneren Vorgänge geschehen im Alltag blitzschnell und werden oft nicht bewußt registriert. Was bleibt, sind die entstandenen Gefühle. Mit Unterstützung des Therapeuten, Aufmerksamkeit und Geduld lassen diese Vorgänge sich jedoch bewußt machen.

Sexuelle Störungen rühren meist daher, daß innere Bilder und Stimmen das angenehme Gefühl des Körperkontakts und die aufkommende Erregung stören. Während der Mann vielleicht die Stimme seines Vaters hören mag: "Komm, Junge, streng dich mehr an!", hört seine Partnerin zur gleichen Zeit ihre Mutter: "Also, anständige Mädchen tun so etwas nicht." Diese inneren Vorgänge hemmen die Sensibilität und verhindern das Aufgehen in körperlichen Empfindungen. Sexuelle Störungen sind die Folge.

NLP-Forscher haben danach gesucht, wie sich derartige innere Bilder und Stimmen beeinflussen lassen. Die überraschende Entdeckung war, daß der einzelne viel mehr Herr seiner inneren Wahrnehmungen ist, als jemals zuvor vermutet worden war. Innere Bilder lassen sich in all ihren Eigenschaften relativ leicht verändern. So kann jemand, der normalerweise immer *schwarz sieht*, plötzlich entdecken, wie viel besser er sich fühlt, wenn seine inneren Bilder farbig und lebendig geworden sind.

Eine der elegantesten und wirkungsvollsten Techniken des NLP wird angewendet, wenn jemand ständig von schlimmen Erinnerungen geplagt wird oder starke Ängste in bestimmten Situationen hat (Flugangst, Platzangst, Angst vor Spinnen, Hunden usw.).

Viele Leute haben irgendeine solche Angst, die sie meist möglichst verstecken, die aber ihr Leben sehr beeinträchtigt und stört. Manche Ängste rühren aus schlimmen Erinnerungen aus der Vergangenheit (man denke nur an Flugzeugentführungen, Folterungen, Überfälle, Vergewaltigungen), manche reichen bis in die Kindheit zurück, ohne daß noch eine präzise Erinnerung vorhanden ist.

Herr Maier beispielsweise hat ein paar Monate zuvor einen schweren Autounfall gehabt und seitdem bekommt er jedesmal, wenn er auf die Straße geht, panische Angst.

Sein Therapeut wendet eine ausgefeilte und präzise Technik an. Denn die Struktur derartiger Ängste ist immer gleich:

1. Schritt: Der Betreffende nimmt einen äußeren Reiz wahr. Bei Herrn Maier: Er sieht ein Auto auf sich zufahren.

2. Schritt: Der äußere Reiz ruft eine Reihe innerer Reize hervor, die mit dem traumatischen Erlebnis zu tun haben. Bei Herrn Maier: Vor seinem inneren Auge taucht das Bild des Autos auf, das den Unfall verursacht hat, genau in dem Moment, wie es auf ihn zufährt.

3. Schritt: Mit dieser erinnerten Wahrnehmung sind Ängste, Panik usw. gekoppelt und treten sofort auf. Bei Herrn Maier: Er wird von den Gefühlen überflutet, die er bei seinem Unfall erlebt hat, nämlich von Angst und Panik.

Mit der *Phobie-Technik* werden die alten Erinnerungen noch einmal hergeholt, wobei der Therapeut dafür sorgt, daß ein innerer Abstand zu den inneren Bildern entsteht. Der Abstand wird dadurch erreicht, daß der Klient die inneren Bilder so weit verändert, bis er sie angstfrei anschauen kann. Dadurch lernt der Klient, sich von seinen damaligen Gefühlen freizumachen. Die Erinnerungen werden immer mehr der Realität angenähert, ohne daß die Gefühle von Angst und Panik auftreten. Ist dieser Prozeß einige Male durchgelaufen, ist die Ent-Koppelung der inneren Bilder von den schlimmen Gefühlen geschehen. Die Ängste sind beseitigt.

2.7 Die Kräfte des Unbewußten

Der Mensch ist weit mehr als sein Verstand. Sinnvoll ist es, in eine ganzheitliche Arbeit das Unbewußte miteinzubeziehen.

Was ist das Unbewußte? Neben unserem Bewußtsein, dem, was wir bewußt wissen, wünschen und planen, wirken andere innere Anteile. Jeder hat das schon erlebt, wenn er sich eine schlechte Angewohnheit abgewöhnen wollte. Die guten Vorsätze waren alle vergebens, weil irgendwelche geheimen Gegenkräfte sich in den Weg stellten. Oder ein anderes Beispiel: Jemand sammelt konsequent und systematisch alle Fakten, um eine wohlüberlegte Entscheidung zu treffen – und plötzlich, unerwartet, entscheidet er ganz anders als bei vernünftiger Abwägung.

Hier sind auch die psychosomatischen Krankheiten anzusiedeln, körperliche Beschwerden und Störungen, die seelische Mitursachen haben. Das Unbewußte zeigt mit der Krankheit, daß Teile der Lebensführung nicht in Ordnung sind. Jemand, der ständig seinen Ärger hinunterschluckt, bekommt vielleicht ein Magengeschwür, während beim Manager mit dem Dauerstreß plötzlich das Herz nicht mehr mitmacht.

Im Alltag werden diese nicht bewußten Teile als Feind oder Saboteur betrachtet, den es zu bekämpfen gilt. Man nehme nur das oben erwähnte Beispiel des Rauchers Schmidt. Damit wird die eigene Kraft in den Kampf mit sich selbst verwickelt und geht verloren für die konstruktive Lösung von Problemen.

Der positive Ansatz des NLP zielt dahin, daß alle Kräfte in die gleiche Richtung wirken. Auch das Unbewußte will unser Bestes – nur oft mit falschen Mitteln, da es noch an überholten Vorstellungen aus unserer Vergangenheit festhält. Die unbewußten Gegenkräfte sollen zu Verbündeten gemacht und die Fähigkeiten des Unbewußten genutzt werden.

Nehmen wir als Beispiel den Klienten Schulz, der stets Kopfschmerzen bekommt und dafür Hilfe beim Therapeuten sucht. Der
Therapeut hilft dem Klienten dazu, sich tief zu entspannen. Dann
wendet er sich direkt an den Teil des Unbewußten, der für die
Kopfschmerzen verantwortlich ist. In der Entspannung findet der
Klient leichter Zugang zu diesen unbewußten Vorgängen und für
ihn selbst unerwartet tauchen Antworten und Einsichten in ihm auf.
So ergibt sich als Antwort, daß ein unbewußter Teil den Klienten
vor Arbeitsüberlastung schützen will. Immer, wenn zuviel Arbeit auf
dem Schreibtisch angelangt ist, bekommt er Kopfschmerzen. Mit
diesen Schmerzen (wirkliche und keine eingebildeten!) muß er die
Arbeit erst einmal liegen lassen. Ist die positive Absicht, die das
Unbewußte hat (Schulz zu schützen), bekannt, werden mit Hilfe
der gleichen tieferen Schichten neue Möglichkeiten gesucht, diese
schützende Absicht genauso gut oder sinnvoller zu erfüllen. So ist
es möglicherweise ein sinnvollerer Weg für Schulz, sich rechtzeitig
eine Ruhepause zu gönnen oder in Zukunft nein zu sagen, wenn
die Kollegen die eigene Arbeit auf ihn abladen wollen.

2.8   Zusammenfassung

NLP ist vielfältig. BANDLER und GRINDER hatten nach eigener
Aussage nie die Absicht, eine therapeutische Schule zu gründen,
sondern sie wollten nur zeigen, auf welche Weise alle Therapie-
Richtungen bei der Veränderung helfen. Ihr Ziel war es, pragmatisch das *Wesentliche* aus den unterschiedlichen Richtungen her-
auszufiltern.

Seit diesen ersten Anfängen präsentiert NLP sich als eine erstaunliche Mischung aus Techniken der verschiedenen Therapie-Richtungen, aus eigenen Entdeckungen, aus alten und neuen gedanklichen
Konzepten. So ist trotz der ursprünglichen Absicht aus NLP eine
eigenständige Richtung geworden, wenn auch offen gegenüber
allen anderen Richtungen. Für Korrekturen und Verbesserungen ist
das System offen.

Inzwischen erstreckt sich das Anwendungsfeld weit über die
Therapie hinaus. Überall da, wo es um Kommunikation und Verständigung geht – von der Schule über den Verkauf bis zum

Management –, sind die Ergebnisse anwendbar. Hier tut sich ein weites Feld auf, die Entdeckungen des NLP nutzbar und fruchtbar zu machen.

Nicht zuletzt aber geben die Ansätze jedem einzelnen Anregungen, sich selbst besser zu erkennen und zu verstehen. Er entdeckt, wie verschiedenartig jeder Mensch seine ganz persönliche Art gefunden hat, die Welt zu sehen und zu erleben. Und damit wächst die Neugier, mit der Welt des anderen Kontakt aufzunehmen, sie verstehen zu lernen und so die eigene Welt zu erweitern.

Claus Blickhan

3. NLP im Management

Dieses Kapitel soll erste Möglichkeiten aufzeigen, wie man durch (Selbst-)Training im Sinne des NLP lernen könnte, besser mit anderen (und sich selbst!) auszukommen.

3.1 Grundlagen des NLP

Im folgenden soll gezeigt werden, welche Ansätze das NLP dem bieten kann, der möglicherweise bereit wäre, sich (z.b. in einem Training) näher damit zu befassen. Solche NLP-Seminare können Führungskräften genauso helfen wie allen, die regelmäßig mit (sich und anderen) Menschen umgehen müssen.

3.1.1 Ganzheitlicher Ansatz

Über die mannigfaltigen Prozesse des Wahrnehmens, Erlebens der Wirklichkeit, bzw. wie wir unser Verhalten und damit unser Leben gestalten, sind durch NLP ganz wesentliche Dinge entdeckt worden. Das gilt besonders in bezug auf die Zusammenhänge zwischen den einzelnen Prozessen. Der Name NLP zeigt schon, daß ein Schlüssel zu Verhalten im Zusammenhang von neurophysiologischen und sprachlichen Vorgängen zu suchen ist. Neuere Entwicklungen haben noch viel Wesentliches über Denk- und Lernprozesse, Verhaltensstrategien und Kommunikationsgewohnheiten aufgedeckt. Damit steht im NLP ein umfangreicher und anwendungsorientierter Schatz von Erfahrungen zur Verfügung, der anders als viele andere grundwissenschaftliche Forschungen immer den Gesamtzusammenhang berücksichtigt (wie folgende Abbildung zeigt).

Mit NLP können wir z.B. herausfinden, wie jemand durch Sprache seine Wahrnehmung ausdrückt.

Experiment:[1]

Stellen Sie sich bitte einmal eine Feder bildlich vor.

Und nun: An was für eine Feder haben Sie gedacht? Eine Vogelfeder? Eine Stahlfeder, Blattfeder, Spiralfeder? An eine Schreibfeder?

Das einfache Experiment zeigt: Wir haben zu einem bestimmten Wort in einer bestimmten Situation eine ganz bestimmte Vorstellung – und diese stimmt *nicht* mit der Vorstellung anderer überein. Jeder hat sein ganz persönliches "Bild": Auch wenn Sie (so wie ich) an eine Vogelfeder gedacht haben: War es eine große, kleine, bunte, weiße, strähnige, flaumige? Wir können zwar sprachlich immer genauer werden, um möglichst konkret einen Gedanken, eine Erinnerung zu beschreiben. Daß es nie *ganz* genau die Vorstellung des andern treffen kann, hat einen einfachen Grund: Um den Begriff "Feder" denken zu können, wird er mit einer konkreten Vorstellung

---

[1] Bitte bedenken Sie, daß Ihnen ein Experiment die Möglichkeit gibt, eine Erfahrung zu erleben (statt sie nur theoretisch zu durchdenken. Na, was meinen Sie, machen Sie mit? Handlungs-Aufforderungen sind immer in **Futura** gesetzt, damit Sie gleich aufmerksam werden.

verbunden. Diese Vorstellung hängt von den Federn ab, die ich schon gesehen habe, und von dem allgemeinen Bild, das ich mir daraufhin mache. So sind diese inneren Vorstellungen oft sehr unterschiedlich.

3.1.2 Jeder ist einzigartig

So kommen wir zu einem sehr wichtigen Punkt: Es gibt viele Unterschiede zwischen den Menschen. Das mag sehr banal klingen. Aber die Praxis im Betrieb zeigt, daß die Leute oft anders miteinander umgehen. Sie gehen davon aus, daß die anderen ebenso wahrnehmen, denken, fühlen und reagieren wie sie selbst. Diese Annahme trifft in der Regel eben *nicht* zu. Sie sind dann völlig erstaunt, wenn jemand anders reagiert, als sie es vielleicht erwartet haben. Die unterschiedlichen Verarbeitungsstrategien hängen von den verschiedenen persönlichen Erfahrungen ab. Da keiner exakt dieselbe Geschichte hat, reagiert keiner "exakt so".

Das Wichtigste, was jemand aus NLP-Trainings mitnimmt, ist vielleicht die Erkenntnis von der Einzigartigkeit jeder Person. Auf den ersten Blick scheint das ein krasser Widerspruch zu dem Namen NLP zu sein, denn "Programmieren" klingt so nach Uniformität und Automaten, Robotern und Gleichförmigkeit. Das ist ein Mißverständnis, das Außenstehenden bei der ersten Begegnung mit diesem Wort unterläuft.

3.1.3 Was heißt "Programm"?

Programm heißt hier *nicht*: unveränderliche Steuerung, die jemand fest installiert hat. Es heißt vielmehr, wie unser Beispiel oben gezeigt hat, daß jeder seine Art und Weise entwickelt, wie er seine Erfahrungen aufnimmt, sammelt und verdichtet. Sie kann ähnlich sein wie bei vielen anderen, ist aber in ihrer ganz konkreten Ausgestaltung einzigartig.

NLP belegt und betont die Einzigartigkeit, welche die Programme jedes einzelnen haben: was jemand wahrnimmt, was jemand wichtig nimmt, wie jemand zu Entscheidungen kommt. Das heißt konkret: Jeder Mitarbeiter, jeder Vorgesetzte und jeder Kollege ist anders und muß in seiner Einzigartigkeit erfahren werden.

Mit den Methoden des NLP können wir die Abläufe der Programme nachverfolgen und individuell aufzeigen. Geht denn das? Ja, aber nur, wenn Sie Ihre eigene Wahrnehmung immer weiter schärfen. Dafür muß sie auf den jeweiligen Partner ausgerichtet und geeicht – "kalibriert" – werden. Die Offenheit, auch Phänomene zu entdecken, die ich noch nicht kenne, kann hier helfen. Die Aufmerksamkeit ist auf den *Partner* gerichtet, nicht auf die *Kategorien*, in die ich ihn hineinpressen will. Vielmehr werde ich meine Kategorien dem Partner anpassen, um ihm gerecht zu werden. Jedes vorgegebene Konzept ist wie eine Schublade, in die alles eingeordnet wird. Und es gehen sehr viele verschiedenartige Dinge in die gleiche Schublade. Die Unterschiede sind oft sehr fein, aber wichtig. Beispielsweise kratzt sich Ihr Geschäftspartner mehrmals an der Nase. Nun gibt es ja jede Menge von Rezeptbüchern, die für jede körperliche Reaktion eine Schublade haben. Nur: ob der Gesprächspartner uns auch den Gefallen tut, in diese Schublade zu passen? Je klarer Sie seine einzigartige Struktur kennen, desto besser können Sie mit jemand umgehen.

Auf der anderen Seite hat NLP eine Reihe von Filtern und Merkmalen entdeckt und herausgefunden, die dem Ganzen eine Ordnung und Struktur geben. Denn das Ziel, ist die Einzigartigkeit des andern möglichst einfach – aber nicht simplifiziert – beschreiben zu können. Sonst besteht die Gefahr, daß man von so viel Information überflutet und daher handlungsunfähig wird.

3.1.4 Wer steuert das Programm?

Von der Sprache weiß man ja, daß man sie selber steuert. Was ich sagen will, das sage ich. Was ich nicht mitteilen will, behalte ich für mich. Das gilt genau so für alle anderen Funktionen. Wenn ich meine Gedanken nicht steuere – wer steuert sie dann? Wenn ich meine Gefühle nicht mache – wer macht sie dann? Ich entscheide, was ich denke; ich entscheide, was ich wahrnehmen will und was nicht; ich entscheide, welche und wieviele Gefühle ich zulasse; ich entscheide, ob ich mich locker oder verkrampft bewege.

Aus dieser Formulierung wird klar: "Ich", das bin ich als ganzer Organismus, nicht nur mein bewußter Verstand. Stellen Sie sich vor, Sie fahren in einem Bus: Sitzen Sie hinten drin und halten den

Daumen, daß Sie irgendwie schon dort ankommen werden, wo Sie hinwollen? Stellen Sie sich vor, jeder verläßt sich darauf, daß der andere lenkt! Wer lenkt dann wirklich?

Die Möglichkeiten des Menschen liegen in ihm selber. Wenn ein Vorschlag mir paßt, so kann ich mich dem anschließen. Wenn er mir nicht paßt, so kann ich eine andere Möglichkeit wählen. Ich kann auch eigene Möglichkeiten entwickeln. Je größer die Anzahl der Möglichkeiten, desto größer wird mein Entscheidungsspielraum, desto größer werden meine Möglichkeiten zur Gestaltung der Situation. Darin unterscheiden wir Menschen uns von den Tieren, daß wir unsere Situation gestalten können, sie sogar bewußt nach unseren Plänen aufbauen können.

Nehmen wir die Schnecke als Beispiel: Wenn ich ihr auf die Fühler tupfe, zieht sie sie ein. Nach einer ganz bestimmten Zeit führt sie sie wieder aus. Tupfe ich wieder dagegen, zieht sie sie wieder ein. Nach genau derselben Zeit wie beim ersten Mal streckt sie sie wieder aus. Das Spielchen können wir ziemlich lange treiben, die Schnecke "lernt nichts dazu": Immer wenn sie die Fühlhörner eingezogen hat, streckt sie sie nach ihrer bestimmten Zeit wieder aus. Sie kann nicht einfach länger warten, ob ich dann weg bin. Sie hält sich stur an ihren instinktiven Zeitplan. Wir können das anders machen. Wir können sagen: Jetzt habe ich das zweimal mitgemacht, jetzt reicht's. Jetzt mache ich das anders.

3.1.5 Wie wir uns einschränken

Diese Möglichkeit nützen wir aber nicht immer aus. Was uns einschränkt, ist unsere Gewohnheit. Wenn wir in einem bestimmten Kontext eine bestimmte Verhaltensweise gelernt haben, neigen wir dazu, sie auch dann beizubehalten, wenn sich inzwischen die Dinge entscheidend geändert haben.

Diese Gewohnheit hat natürlich auch viele Vorteile. Wir brauchen nicht immer aufs Neue zu probieren; wir wissen ja, wie es geht. Wir brauchen auch nicht jedes Mal ein (neues) Problem zu sehen und (wieder) zu überlegen. Wir wissen ein für allemal, wie wir vorzugehen haben. Aber sie hat auch ihre Nachteile.

Dazu ein kleines Experiment:

Verschränken Sie bitte Ihre Arme vor der Brust !

Nicht weiterlesen, erst ausführen! Danke.

Und nun schauen Sie: Welcher Arm ist oben?

Und nun verschränken Sie Ihre Arme so, daß der andere Arm diesmal oben ist. Wie fühlt sich das an?

Wenn ich gewohnt bin, etwas auf bestimmte Art und Weise zu tun, kann es gut sein, daß mir etwas anderes zunächst schwerer fällt. Und wenn es mir dann doch gelingt, kommt es mir seltsam vor. Solche Gewohnheiten können wir natürlich untersuchen, studieren – und wenn wir wollen, auch ändern.

Was wir einfach "Gewohnheit" genannt haben, ist in der Sprache des NLP eine bestimmte STRATEGIE. Verhaltensstrategien sind komplexe Programme (z.B. wie Informationen verarbeitet werden). Sie führen zu bestimmten Ergebnissen. Das beginnt bei der Auswahl der Informationen (vgl. "Wahrnehmungstyp").

Wenn ich etwa das Auto meines Chefs in der Stadt erkenne, woran erkenne ich das? Erstens weil ich sehe, es ist eine blaue XYZ-Limousine. Wenn ich die Autonummer erinnern will, sage ich vielleicht in Gedanken vor mich hin: "BO-ND 007": stimmt!"

Aber kann man mit dieser Strategie alle Situationen meistern? Woran erkenne ich einen Wein als "Würzburger Stein, 1981, Kerner Spätlese"? An der Farbe alleine nicht. Hier brauche ich Geruch und Geschmack ganz notwendig. Damit er mir gut schmeckt, muß auch die Temperatur stimmen, die ich fühle. Und wo bleibt das auditive Moment? (Vielleicht haben wir dafür das "Anstoßen" erfunden.) Es ist also wichtig, zu bemerken, daß unterschiedliche Situationen verschiedene Strategien verlangen. Auch hier ist die Frage: Schränken wir uns auf unsere "Lieblings-Strategie" ein oder nutzen wir unsere

Möglichkeiten? In diesem Punkt haben Unternehmen und Mitarbeiter das gleiche Ziel. Das ist der Ansatz für NLP im Management.

3.1.6 Ziele definieren

Es ist oft wichtig, die richtigen Dinge zu tun. Wie kann ich erkennen, ob ich ein richtiges Ziel im Auge habe? Das ist selbstverständlich von Fall zu Fall verschieden. Aber formal lassen sich gewisse Kriterien angeben, denen dieses Ziel genügen sollte.

Ziele sollen – das ist bekannt – konkret (operational) und quantifizierbar sein. Das ist recht abstrakt formuliert. Um *wirklich* konkret zu werden, das heißt: auch *wirksam* zu werden, muß man sie auch erleben können, das heißt: konkret sehen, hören und spüren.

Dazu wieder ein kleines Experiment:

Denken Sie jetzt **nicht** an Zigaretten!

Denken Sie bitte auch nicht daran, daß sie krank machen können!

Ist Ihnen das gelungen? Wohl nicht. Um konkret werden zu können, müssen Dinge positiv genannt sein. Genannt sind hier aber nur die Zigaretten, an die Sie *nicht* denken sollten.

Das hängt mit der Struktur des Gehirns[2] zusammen. Die rechte Hirnhälfte funktioniert analog und bildhaft. Sie liefert zum Wort "Zigaretten" sofort das Bild, den Geschmack. Das Wort "nicht" (bzw. das Konzept der Verneinung) muß von der linken, logischen Hirnhälfte beigesteuert werden.

---

[2] Birkenbihl: Stroh im Kopf? - Gebrauchsanleitung fürs Gehirn, Offenbach 1996

Inzwischen ist aber das Bild von der Zigarette schon wirksam geworden und hat Gedanken oder Wünsche geweckt.

Wenn wir ein Rauchverbotsschild sehen, wird das deutlich. Um das Verbot zu signalisieren, müssen wir die Zigarette abbilden. Dann erst können wir sie durchstreichen.

Die konkreteste und damit wirksamste Darstellung ist die unmittelbar sinnlich wahrnehmbare. Eine Speisekarte, welche die Auswahl nur beschreibt, ist weit weniger anregend als wirklich ausgestellte Speisen. Wer kennt nicht die magische Kraft von appetitlich angerichteten Leckerbissen, an denen das Auge schon hängt, bis dann der verführerische Duft in die Nase steigt wenn das Klappern der Bestecke in den Ohren klingt, das Wasser spürbar im Munde zusammenläuft und die Lust unwiderstehbar wird?

Sinnlich erfahrbare Ziele wirken direkt auch auf die rechte Hirnhälfte. Das wußte schon Antoine de Saint-Exupéry als er sagte:

> Wenn Du ein Schiff bauen willst, dann trommle nicht Leute zusammen und vergib Aufgaben, sondern lehre sie die Sehnsucht nach dem weiten, endlosen Meer.

3.1.7 Wege suchen

Wege suchen heißt: bewährte Wege wieder aufsuchen und neue Wege entdecken. Das erste ist meist einfacher, birgt aber Gefahren.

Ein Eisbär hatte einen kleinen Käfig im Zoo. Darin lief er immer auf und ab; drei Schritte links, drei Schritte rechts. Dann baute man ihm ein schönes, geräumiges Freigehege. Und was tut dort der Bär? Er läuft auf und ab, drei Schritte links, drei Schritte rechts.

An einer verkehrsreichen Straße zwischen Parkplatz und Fabriktor mußten sich die Leute immer anstrengen, um auf die andere Seite zu kommen. Mit der Zeit wurde es immer gefährlicher, und es gab einige Unfälle. Also baute man eine Unterführung. Und wie verhalten sich die Leute jetzt? Viele rennen nach wie vor über die Straße.

Neue Wege entdecken hängt auch von der Kreativität ab. Nun können wir Leute in Künstler, Erfinder (und andere Genies) und Durchschnittsmenschen wie Sie und mich einteilen. Dann haben wir jeden in seiner Schublade und wir warten, bis die anderen andere Wege gefunden haben.

Aber was ist Kreativität eigentlich? Es ist nur eine Verdinglichung von schöpferischen, anregenden Verhaltensweisen. Und irgend etwas Neues hat sicher jeder von uns schon einmal gemacht. Übertragen wir diese persönliche Kreativitätsstrategie auf unser Leben, werden wir neue Wege gehen.

Die entscheidenden Aspekte sind oft ganz einfach und überschaubar. Wenn eine Gruppe jeden Vorschlag ausführlich diskutiert und kritisiert, wird er meist abgelehnt; dann sucht man den nächsten und lehnt ihn wieder ab. Wenn man aber viele Vorschläge einfach sammelt und erst danach auswertet, erhält man wesentlich mehr und oft auch originellere Vorschläge.

Als "brainstorming" wurde diese Strategie schon lange vor NLP entdeckt. Da sie in dieser groben Form bei sehr vielen Menschen wirkt, ist sie vor allem auch für Gruppen hervorragend geeignet. Als persönliche Arbeitstechnik kann jeder weiter gehen und eine individuelle Strategie erarbeiten, die für ihn mit seinen Fähigkeiten, Erfahrungen und Gewohnheiten am produktivsten ist.

Bei eigenen Arbeiten auf diesem Gebiet bin ich allerdings auf ein Phänomen gestoßen, welches die Vielzahl der Möglichkeiten auch lähmen kann.

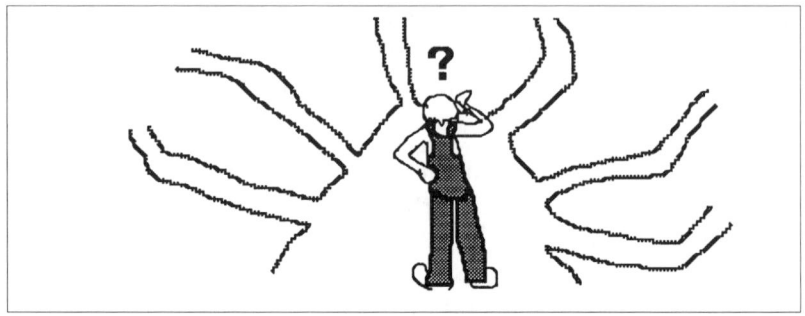

Gerade in solchen Situationen bietet NLP einen einfachen Weg, die Selbst-Blockierung aufzulösen und erfolgreichere Programme zu wählen. Wie ich mich selbst blockiere, hängt oft von meinen Einstellungen und Glaubenssystemen ab. Als stabilisierende Maßnahme ist die begleitende Änderung der Einstellung zur eigenen kreativen Leistungsfähigkeit wirkungsvoll. Auch die Modifikation eines hemmenden Glaubenssatzes (z.b.: Man kann am Auto nichts Wesentliches mehr weiterentwickeln) kann die kreativen Fähigkeiten entscheidend fördern und steigern.

3.1.8 Entscheiden

Beim Entscheiden sind bewußte und unbewußte Prozesse beteiligt. Die bewußten Denkprozesse werden auf *abstrakter* Ebene bereits von vielen (Management-)Trainern nach allgemeinem Schema geschult. Informationen über Möglichkeiten werden gesammelt, ihr Beitrag zur Erfüllung eines Kriteriums eingeschätzt und je nach der Bedeutung des Kriteriums gewichtet. Aber wenn uns dann die "errechnete" Lösung nicht gefällt, werden wir sie vielleicht nicht (motiviert genug) angehen. Unsere unbewußte Entscheidung ist stärker.

Diese inneren Prozesse werden wir uns etwas genauer ansehen: Was man landläufig als "Denken" bezeichnet, läuft als Verkettung von internalen Repräsentationen ab. Wahrgenommen werden nämlich innere Bilder, Stimmen und Körper-Empfindungen. Die Bilder und Stimmen können aus der Vergangenheit erinnert oder neu konstruiert werden. Konstruiert man neu, dann sieht oder hört man in der Phantasie etwas, was man in der Realität noch nie erlebt hat. Diese inneren Vorgänge laufen im Alltag blitzschnell ab und werden meist nicht bewußt registriert. Mit Unterstützung des Trainers, Aufmerksamkeit und Geduld lassen sie sich jedoch bewußt machen. Eine verblüffende Entdeckung ist, daß diese inneren Vorgänge an den Augenbewegungen erkennbar werden (ACCESSING CUES). Wenn wir diese Hinweise kennen, können wir unserem Gesprächspartner ansehen, wie er denkt. Das ist oft gar nicht so schwer, vorausgesetzt, man hat einige Übung und weiß, worauf es ankommt.

Auch bei den internalen Strategien gibt es Vorlieben für bestimmte Systeme. Wesentlich ist jedoch: Die inneren Vorgänge sind vielfach ineinander verschachtelt und haben für jeden typische Verlaufsformen. NLP-Seminare schulen die Fähigkeit, die inneren Prozesse bei anderen wahrzunehmen und zu berücksichtigen. Weiterhin wird geübt, die eigene Strategie kennenzulernen und zu verbessern. Eine Strategie wird verbessert, indem einzelne Schritte oder Inhalte, die einen ungünstigen Einfluß auf eine sachgerechte Entscheidung haben (können), verändert werden. Hierzu wurden spezielle Techniken entwickelt.

3.1.9 Informationsverarbeitung bei Entscheidungsprozessen

Strategien zur Informationsverarbeitung laufen bei pragmatisch orientierten Menschen oft wie folgt ab: Wenn sie ein Problem haben, suchen sie in ihrer Erinnerung nach einer Erfahrung, wie dieses oder ein ähnliches Problem bereits einmal gelöst worden war. Finden sie eine solche Erfahrung, so pflegen sie danach zu handeln. Können sie in ihrer Erinnerung keinen Beweis dafür finden, daß eine Möglichkeit "funktionieren" wird, so wird diese als unrealistisch eingeschätzt. Zukünftiges Verhalten wird also nach früheren Erfahrungen gestaltet, die in Form konkreter Erinnerungen abgespeichert sind.

Eine völlig andere Strategie ist es, ganz neue Bilder zu konstruieren, die mögliche Lösungsentwürfe zeigen. Das Bild, das intuitiv das beste scheint, versucht man dann in die Realität umzusetzen. Wenn sich dabei zu viele Hindernisse in den Weg stellen, fühlt der Konstrukteur sich um die betreffende Möglichkeit "betrogen". Das Verhalten wird hier also von konstruierten Bildern bestimmt, die die besten Zukunftsmöglichkeiten versprechen.

Beide Strategien sind in vielerlei Hinsicht nützlich. Die eine hält davon ab, Zeit und Energie zu verschwenden, um Phantomen nachzujagen, wenn in der Vergangenheit schon einiges darauf verwendet worden ist: Man braucht das Rad nicht neu erfinden. Die andere eröffnet manchmal ungeahnte Möglichkeiten und läßt auch Ziele erreichbar werden, für die aus der konkreten Erfahrung keine Lösung möglich scheint.

Vor allem aber bringen Strategien die beiden Gesprächspartner in Konflikt, wenn sie miteinander entscheiden sollen. Der eine mag Vorschlägen nicht zustimmen, wenn er sie nicht konkret in seinem Erfahrungsschatz hat - und das ist bei konstruierten Lösungsansätzen praktisch ausgeschlossen. Der andere wird bei erfahrungsorientierten Vorschlägen zunächst die Vorteile seiner Ideallösung vermissen. Das Problem wird deutlich: Solange die beiden nicht bemerken, daß sie unterschiedlichen Strategien folgen, wird der Streit um die "besseren" Kriterien nicht zu lösen sein.

Abgesehen davon, wie oft diese beiden Strategien die Schwierigkeiten zwischen Entwicklung und Produktion tatsächlich verursachen: Bei solchen Konflikten tut sich gerade jemand leichter, der darübersteht und so die Strategien erkennen kann. *Er* hat es in der Hand, die Mißverständnisse an der Ursache anzugehen und das Problem zu lösen.

3.2 NLP und Selbst-Management

In jedem NLP-Seminar ist ein Teilziel, individuelle Störungen zu beseitigen. Es gilt, die persönliche "Bremse" zu lösen, die der einzelne angezogen hat, so daß er in Zukunft die volle Kraft seines inneren Motors ausfahren kann. Möglichkeiten und Techniken des NLP werden nun behandelt.

Nehmen wir das Beispiel eines Tennisspielers, der an die Spitze gelangen will. Mit Hilfe einer Ballmaschine trainiert er täglich eisern die verschiedenen Schlagtechniken. Und dennoch – steht er auf dem Platz einem technisch gleichwertigen Gegner gegenüber, verliert er jedesmal. Denn ihm fehlt etwas Entscheidendes in seinem

Training. Technik ist zwar wichtig, aber für einen erstklassigen Spieler reicht die reine Technik allein nicht. Andere Fähigkeiten sind wichtig und zu üben: Einsatz, Flexibilität, Einstellung auf den Mitspieler, Spaß an der persönlichen Herausforderung, Durchhaltevermögen, Zielstrebigkeit und Selbstvertrauen.

Das Beispiel ist übertragbar auf jeden Beruf inklusive den des Führenden. Führungstechnik allein genügt nicht. Ja, oft wird sie künstlich oder störend, wenn sie nicht in einer entsprechenden Grundhaltung wurzelt. Wie die Ballmaschine schulen viele Trainings zwar intensiv einzelne Fähigkeiten in Kommunikation, Gesprächsverhalten usw., finden aber gleichzeitig dort ihre Grenzen. Denn bloßes Trainieren von Fähigkeiten geht vielfach nicht tief genug, um tiefeingewurzelte Muster und Denkstrukturen zu verändern. Auch das alleinige Verarbeiten mit dem Verstand reicht in diesem Fall nicht, um das Verhalten zu verändern.

Betrachten wir die Störungen und Fähigkeiten im Zusammenhang mit der Ausgangssituation und dem angestrebten Ziel.[3]

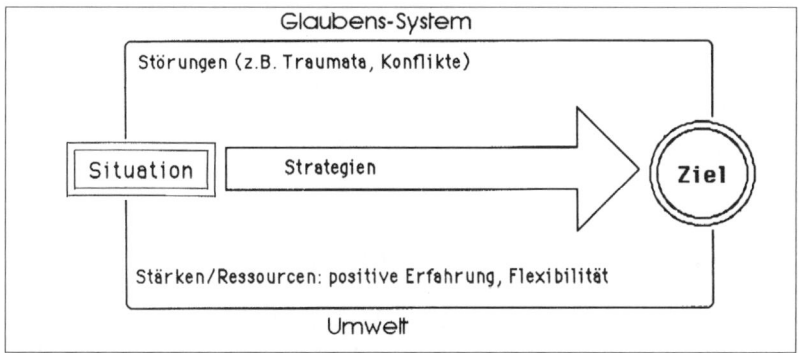

3.2.1 "Blocks beseitigen"

Immer wieder tauchen Situationen auf, beruflich wie privat, in denen der einzelne den Kontakt mit seinen Kräften und Fähigkeiten (RESSOURCEN) verliert. Die sonst so souveräne und entscheidungsfreudige Führungskraft wird zum Aufsichtsrat bestellt, betritt den Raum und wird plötzlich nervös und unsicher. Oder man stelle

---

[3] nach Robert Dilts

sich bei einer gereizten Verhandlungsrunde einen Angriff unter der Gürtellinie vor: "Wenn Sie bei Ihren Plänen auch so kompetent sind wie in Ihrer Ehe, dann sehe ich schwarz."

In derartigen Situationen geht die Kontrolle über die Situation und das eigene Handeln verloren. NLP bezeichnet das als "Block" (STUCK STATE) und arbeitet gezielt dagegen: Mit bestimmten Techniken ist es möglich, die Inhalte der inneren Prozesse zu beeinflussen. Sind "blockauslösende" Inhalte beseitigt, ist der Weg frei für verantwortungsbewußtes, situationsgerechtes Verhalten.

Oft wird in solchen Situationen der Blick für die Realität durch traumatische Erfahrungen getrübt. Vielleicht wird durch die Situation vor dem Aufsichtsrat eine frühere Erfahrung von Ohnmacht reaktiviert. Mit Unterstützung eines NLP-Beraters kann man dieses Gefühl der Unsicherheit zurückverfolgen bis in die Situation, in der es *erstmals* in dieser Stärke ausgelöst und "geprägt" wurde. Durch die Trennung von aktuellem Wahrnehmen und Erinnern an Vergangenes einerseits und Aktivieren der jetzt verfügbaren Stärken wie Entscheidungsfreude andererseits, wird eine realitätsgerechte Lösung des Problems möglich.

Wichtiger Bestandteil dieser Veränderung ist die "Zukunftsprobe" (FUTURE PACING): Durch Imaginationsübungen wird gewährleistet, daß der beabsichtigte Erfolg in Zukunft auch wirklich eintritt.

3.2.2 Erfolgs-Anker setzen (ANCHORING)

Äußere und innere Reize (Bilder, Worte und Töne, sowie körperliche Empfindungen) bestimmen die momentane Stimmung und den inneren Zustand. NLP hat die Wirkung von visuellen, auditiven und kinästhetischen Auslösern, den sogenannten ANKERN (ANCHORS) genauer beobachtet. Positive Anker werden bewußt aufgebaut und nutzbar gemacht (z.B. beim sogenannten COLLAPSE ANCHORS).

Betrachten wir die Verwendung genauer am Beispiel der körperlichen Anker: Daß Bewegung und Sport wie Jogging, Tennis, Schwimmen usw. insgesamt belebend und streßabbauend sind, hat sich herumgesprochen. Von den Fachleuten jedoch kaum bewußt miteinbezogen sind bisher die unmittelbaren Auswirkungen von Haltung, Atem und minimalen Bewegungen auf die Stimmung und die damit verbundene Leistungskraft. Klar ist den meisten lediglich, daß sich Gefühle im und durch den Körper ausdrücken. Wer sich freut und glücklich ist, (ver-)hält sich anders als jemand, der deprimiert und traurig ist. Weniger bekannt ist die Tatsache, daß sich dieser Wirkungsmechanismus auch bewußt umkehren und einsetzen läßt: Wie ich mich halte, so fühle ich mich.

In Übungen kann jeder herausfinden, wie für ihn seine Stütze, sein "Anker" aussehen könnte, mit dem er in kritischen Situationen wieder Halt und festen Boden unter die Füße bekommen kann. Von dort aus lassen sich dann auch schwierige Situationen wieder in den Griff bekommen.

3.2.3 Den eigenen Spielraum erweitern

Wer tiefer in sich hineinschaut, stößt oft an Gitterstäbe und geistige Barrieren, die ihn einengen. Jeder von uns hat durch seine Erziehung und seine bisherigen Erfahrungen ein bestimmtes Bild von sich selbst gemacht. Zum Beispiel: Ich bin fähig im Umgang mit Menschen, aber unfähig, organisatorische Ordnung zu halten. Oder: Die Grenzen meiner Belastung liegen bei sechs Stunden konzentrierter Arbeit. Oder: Im Grunde genommen bin ich nicht besonders fähig und muß bescheiden und zufrieden sein. Durch solch ein Bild von uns engen wir uns übermäßig ein und bleiben in unserem Selbstvertrauen beschränkt.

Dieses Konzept von uns (BELIEF SYSTEM) zu erkennen und zu erweitern, ist ein wichtiges Ziel des NLP-Trainings. Kernpunkt dabei ist, herauszubekommen, mit welchen inneren Sätzen und Bildern wir uns selbst hemmen und negativ beeinflussen. Im nächsten Schritt ersetzen wir die negativen Informationen gezielt durch positive und kommen dadurch zu einer realistischeren, erfolgversprechenden Neueinschätzung. Diese ist offen für eine Weiterentwicklung und erweitert den eigenen Spielraum. Danach wird jemand mit gesundem Selbstvertrauen Entscheidungen fällen, Ziele setzen und seinem wirklichen Können entsprechend arbeiten – und zwar genauso weit entfernt von einer übersteigerten, arroganten Überheblichkeit, wie von einem zweiflerischen, selbstquälerischen Minderwertigkeitsgefühl.

eigene Grenzen verlassen...

... und den Spielraum erweitern!

3.2.4 Aus den eigenen Kraftquellen schöpfen

Woher nehmen manche Manager, Firmengründer und wirtschaftlichen Pioniere die anscheinend unerschöpfliche Energie, um die selbstgesteckten Ziele zu verwirklichen? Warum schaffen es andere nicht einmal, ihre Post pünktlich zu erledigen?

Wer zu den staunenswerten Vorbildern gehört, der ist nicht in Konflikten zerrissen, die Kräfte sind nicht gespalten – alles zielt in die angestrebte Richtung. Das heißt mit anderen Worten des NLP: Das Bewußte und das Unbewußte ziehen an einem Strang.

Was ist das Unbewußte? Neben unserem Bewußtsein, dem, was wir bewußt wissen, wünschen und planen, wirken auch andere innere Anteile. Häufig handeln wir in Konflikten gegen unsere bewußten Absichten und Vorsätze. Jeder hat das schon erlebt, wenn er sich eine schlechte Angewohnheit abgewöhnen wollte. Oder ein anderes Beispiel: Wir sammeln konsequent und systematisch alle Fakten, um eine wohlüberlegte Entscheidung zu treffen – und plötzlich, unerwartet, entscheiden wir ganz anders.

Oft betrachten wir diese *nicht bewußten* Teile als Feind und Saboteur, den es zu bekämpfen gilt. Damit setzen wir unsere Kraft in den Kampf mit uns selbst ein und verlieren sie für die konstruktive Lösung unserer Probleme und Aufgaben.

NLP hat einen anderen, einen positiven Ansatz. Unser Ziel ist es, diese unbewußten Gegenkräfte zu Verbündeten zu machen. Denn auch das Unbewußte will unser Bestes – nur oft mit falschen Mitteln, da es auf längst überholten Stufen unserer Vergangenheit stehen geblieben ist.

Schon leichte Entspannungszustände unter fachmännischer Anleitung genügen in der Regel, um einen Zugang zu den tieferen Schichten des Unbewußten zu finden. Erlaubt sich jemand, nach innen zu hören und seinen inneren Verarbeitungsprozessen Raum zu geben, erschließen sich neue Kraftquellen und neue Möglichkeiten. So öffnen wir den Zugang zu der bildhaften kreativen Seite in uns. Wissen wird wieder verfügbar, das durch die Zensur des Verstandes, unserer Erziehung und Konditionierung unterdrückt worden war.

3.2.5 Die eigenen Stärken nutzen

Viele Leute verstricken sich in Problemen oder gehen sogar darin unter, weil sie als erstes die Ursachen für ihre Schwierigkeiten herausfinden sollen. Sie denken, daß sie erst nach dieser Analyse und nur dadurch ihre Probleme abstellen können. Das aber betont die Probleme erst und gibt ihnen Gewicht. NLP hat einen entgegengesetzten Ansatz. Wir schauen nicht nach hinten zu den Schwierigkeiten, sondern nach vorne zu dem Verhalten, das wir uns wünschen. Dieses gilt es dann rasch und möglichst effektiv zu erreichen. Denn: Mit dem neuen Verhalten sind auch die alten Probleme beseitigt.

Wir gehen also zielorientiert vor. Wir erreichen die Ziele, indem wir Fähigkeiten, die wir in Teilbereichen bereits zur Verfügung haben, in andere Bereiche übertragen. Es geht nicht so sehr darum, sich zu ändern, sondern sich zu bereichern und mehr Handlungsmöglichkeiten zur Verfügung zu haben. Indem wir lernen, unsere Kräfte und Energien in neuen Bereichen zu mobilisieren, werden wir flexibler und erfolgreicher.

NLP hat Techniken entwickelt, um derartige Einstellungen aus der ursprünglichen Situation herauszulösen und sie in andere Situationen hinüberzunehmen (sogenanntes: COLLAPSING ANCHORS). Mit Hilfe von Entspannungszuständen sowie bildhaften und körperlichen Übungen gelingt es, positive Kräfte in negative Situationen hineinfließen zu lassen und sie dadurch zu verändern. Wer diese Technik erfahren hat und übt, ist in der Lage, die erworbene Methode für alle Situationen nutzbringend anzuwenden.

Mit einer anderen Technik wird Verhalten erlernt, mit dem in der Vergangenheit noch keine Erfahrungen gemacht wurden (BEHAVIOR GENERATOR). Derjenige, der etwas Bestimmtes lernen will, sucht sich in der Phantasie ein Modell, d.h. jemanden, der das Verhalten bereits gut beherrscht. Im Entspannungszustand überträgt er mittels bildhaften Vorstellungen dieses Verhalten passend auf seine Person und übernimmt es auf diese Weise.

3.2.6 Die Scheuklappen ablegen

Im NLP sind sinnvolle Kriterien dafür entwickelt worden, was den persönlichen Erfolg ausmacht. Genau wie wir betriebliche Ziele klären, können wir auch unsere persönlichen Ziele unter die Lupe nehmen. Dabei können wir noch tiefer gehen:

Wenn jemand wirklich beispielsweise das Ziel nennt, möglichst rasch Millionär zu werden, dann wird der NLP-Trainer als erstes fragen: Wenn Sie nun Millionär geworden sind, was versprechen Sie sich davon? Mehr Anerkennung? Vielleicht mehr Genuß? Oder was sonst genau? Er wird den Betreffenden weiter fragen, ob es für ihn notwendig sei, den *Umweg* über den Millionär zu gehen, um die wichtigen Ziele, die dem Millionärswunsch zugrunde liegen (z.B. die Anerkennung, der Genuß usw.), zu erreichen. Nun können die beiden neue Wege suchen, diese Ziele auf andere Weise vielleicht schneller und leichter zu erreichen.

Wer einen Esel zum beharrlichen Ziehen eines Wagens bringen will, hängt ihm am besten eine Karotte vor die Nase. So weit weg, daß er sie nicht fassen kann, aber doch so nah, daß er ständig vorwärts geht, um sie zu schnappen. Für manchen ist "Erfolg" eine derartige Karotte, die ihn zwar den Wagen ziehen läßt, die er aber nie erreicht, um sie genußvoll und in aller Ruhe zu verspeisen. Wer nur nach der unerreichten Karotte stiert, wird sich in fruchtloser

Hetze danach frustrieren. NLP hilft, derartige Scheuklappen abzu-
legen und realistische, befriedigende Ziele wahrzunehmer und zu
erreichen.

Dazu gehören Fähigkeiten, die mit Leistung und beruflichem Erfolg
zu tun haben. Denn wer sich unterfordert und seine Anlagen und
Fähigkeiten nicht entwickelt, wird schwerlich zufrieden werden.
Hand in Hand gehen damit jedoch andere menschliche Eigenschaften: Offenheit, Kontaktfähigkeit, Zufriedenheit, Spaß an Neuem.
Damit verwirklicht sich eine bestimmte Qualität im Leben. Das ist
der Nährboden, auf dem gesunder Erfolg gedeiht, weit weg von
dem gejagten "Erfolgstyp", hinter dessen Bürotür der Herzinfarkt
lauert.

Seminare zur persönlichen Weiterentwicklung mit NLP geben hilf-
reiche Strukturen vor, die jeder mit dem, was ihm wichtig ist, aus-
füllen kann. So wichtig es ist, zu lernen, alle Kräfte für ein selbst-
gestecktes Ziel einzusetzen, so wichtig ist es, von den eigenen
Werten aus immer wieder sein Ziel zu überprüfen und neu zu
bestimmen. Jeder wird sich so seine eigenen, ganz persönlichen
Schritte suchen und die Fähigkeit stärken, diese Schritte nach dem
Seminar auch tatsächlich zu gehen.

4. Fazit:

Wir können festhalten: NLP kann äußerst positiv eingesetzt werden, und zwar sowohl für sich selbst als auch
für bessere Kommunikation mit anderen. Es kann allerdings auch manipulativ mißbraucht werden, wobei man
sich darüber klar sein muß, daß die Grenze zwischen
Motivation und Manipulation zwangsläufig eine nebelige
sein muß! Wie oft behauptet jemand, er täte dies oder
jenes nur "zum Besten" desjenigen, den er in Wirklichkeit nach allen Regeln der Kunst manipuliert? Also:

> **Man *kann* sich mit NLP selber helfen,
> man *kann* bessere Kontakte zu anderen
> herstellen lernen (insbesondere lernt
> man sich und andere weit besser zu
> beobachten!) und man *kann* mit NLP
> anderen helfen (wenn diese dies wirk-
> lich wünschen!).**

Wer gerne weiterlesen möchte, wird im Literatur-
Verzeichnis einige Titel finden.

5. Was Sie über NLP-Ausbildungen wissen sollten

Die erste Ausbildungsstufe ist der **NLP-Practitioner.**

Hier werden die wichtigsten Grundlagen und Techniken des NLP erlernt. Der zeitliche Umfang beträgt normalerweise 18 bis 20 Tage Ausbildung, die unterschiedlich aufgeteilt (z. B. Wochenenden oder als Block) werden. Der Practitioner enthält auch Techniken, die therapeutisch ausgerichtet sind.

Bisweilen wird deshalb ein Teil des Practitioner-Stoffes - ohne die therapeutischen Techniken - als **NLP-Technician** angeboten.

Die zweite Ausbildungsstufe ist der **Master Practitioner.**

Hier kommen neuere Entwicklungen und fortgeschrittene Techniken und Methoden hinzu. Der zeitliche Umfang ist ebenfalls ca. 20 Tage.

Als nächste Stufe kommt der **NLP-Trainer.**

Seit ein paar Jahren entstehen zusätzliche Zwischenstufen. Die Ausbildung wird noch gründlicher. So gibt es inzwischen: Advanced Level, Associate Trainer, Certified Trainer, Master Trainer (und irgendwann wahrscheinlich den Super-Master-Trainer).

Meine persönliche Empfehlung an Sie, liebe Leserin, lieber Leser: Haben Sie nicht zu viel Respekt von den unterschiedlichen Trainertiteln! Denn mit diesen Titeln wird eine Menge Geld durch immer mehr Ausbildung gemacht. Mir sind schon „Master Trainer" begegnet, deren Kompetenz mich erschreckt hat.

Es gibt jetzt einen deutschen Dachverband der NLP-Anwender: Die GANLP (German Association for NLP) mit Sitz in München. Der Verband bietet selbst keine Ausbildungen an, sondern hat als Ziel die Qualitätssicherung von angebotenen NLP-Ausbildungen.

Bertold Ulsamer

5. Kurz-Definitionen der wichtigsten NLP-Begriffe

Ankern

„Ankern" bedeutet die feste Verbindung von einem Gefühl mit einem Bild, Ton oder einer Berührung. Es ist eine Koppelung von Reiz und Reaktion, ähnlich wie bei der klassischen Konditionierung. Das heißt, ein bestimmtes Gefühl wie Freude oder Trauer kommt *automatisch* hoch,
* wenn ein bestimmtes Bild gesehen wird (z. B. Urlaubsfoto)
* wenn ein bestimmtes Geräusch ertönt (z. B. Werksirene)
* wenn eine bestimmte Körperstelle berührt wird (z. B. Schulterklopfen).

Auditiv

Das, was wir hören.

Augenmuster

An der Stellung der Augen läßt sich ablesen, ob jemand innerlich Bilder sieht, Stimmen hört oder Gefühle wahrnimmt.

Block

Im Zustand des „Blocks" sind wir von unseren Kräften abgeschnitten. Wir sind „blockiert" („stuck state")

Kinästhetisch

Innerliche und äußerliche körperliche Empfindungen wie Gefühle und Tasteindrücke.

Leading

„Leading" ist „führen". Voraussetzung ist das *Pacing* (s. S. 67). Wenn ich mich auf den anderen eingestellt und eingestimmt habe, dann kann ich den anderen ein Stück in die Richtung, die ich will, mitnehmen. Solange *Rapport* (s. S. 67) besteht, wird der andere mitgehen.

Moment of Excellence

„Moments of Excellence" sind die Höhepunkte unseres Lebens, als wir im Vollbesitz aller unserer Ressourcen waren. Wir waren ganz besonders erfolgreich, glücklich, entspannt, mutig oder liebevoll.

Pacing

„Pacing" läßt sich wörtlich übersetzen als „in gleichem Schritt mit jemandem gehen". Pacing ist das Wichtigste, um *Rapport* (s. unten) herzustellen. Dabei stellt sich jemand ganz auf seinen Partner ein, um in einen gleichen Rhythmus mit ihm zu gelangen. Er gleicht sich ihm an („Spiegeln"). Pacing kennt viele Ebenen: Interessen, Sprache, Körpersprache, Gefühle usw.

Rapport

„Rapport" ist ähnlich wie der „gute Kontakt". Dieser gute Kontakt ist die Grundlage, damit zwei Menschen sich verständigen können. Rapport gilt immer nur für einen bestimmten Moment. Er kann jederzeit auch wieder verloren gehen („Rapportbruch").

Reframing

„Reframing" heißt wörtlich übersetzt „einen neuen Rahmen geben". Das Ziel ist, durch eine neue Perspektive Verhalten, das bisher abgelehnt wurde, in neuem positivem Licht zu sehen. Damit entdecken wir im Negativen das Positive, in den Schwächen die Stärken.

Repräsentationssysteme

Die wichtigsten Sinne sind in unserer Kultur das Sehen, Hören und Spüren oder Fühlen. Die meisten Menschen bevorzugen einen oder zwei Sinne. Mit diesen Sinnen machen sie sich ihre ganz individuelle Vorstellung von der Welt, repräsentieren sie in ihrem Innern. Daher wird der bevorzugte Sinn „Repräsentationssystem" genannt. Die jeweils bevorzugte Wahrnehmung ist an der Sprache erkennbar.

Ressourcen

„Ressourcen" bedeuten wörtlich „Rohstoffe. Das sind alle Kräfte, Fähigkeiten und nützliche Erfahrungen, die wir gemacht haben. Im Zustand der Ressourcen schöpfen wir unser Potential ganz aus.

Visuell

Das, was wir sehen.

Hinweis für Trainer, Dozenten, Seminar-Leiter etc.
Das Kopieren dieser beiden Seiten für Ihre Seminar-Unterlagen ist gestattet.

Quelle: Ulsamer/Blickhan: NLP für Einsteiger, Neuro-Linguistisches Programmieren leicht gemacht, GABAL Verlag, 9. Aufl., Offenbach 1996

Literaturverzeichnis - Weiterführende Literatur

BANDLER, Richard

- Veränderung des subjektiven Erlebens,
  Paderborn: Junfermann 1987

BANDLER/GRINDER

- Neue Wege der Kurzzeittherapie,
  Paderborn: Junfermann 1981

- Reframing. Ein ökologischer Ansatz in der Psychotherapie
  (NLP), Paderborn: Junfermann 1985

BIRKENBIHL, Vera F.

- Kommunikations-Training, 10. Aufl., Landsberg: A-Verlag 1990

- Erfolgstraining, 3. Aufl., Landsberg: A-Verlag 1990

- Signale des Körpers, und was sie aussagen, 7. Aufl., Landsberg:
  A-Verlag 1991

- Stroh im Kopf? - Gebrauchsanleitung fürs Gehirn, 35. Aufl.,
  Offenbach: GABAL 1999

BLICKHAN/BLICKHAN

- Denken, Fühlen, Leben,
  Landsberg: mvg-Verlag 1989

BLICKHAN/ULSAMER

- NLP im Management, Teil I - NLP: Kürzel für verschärfte
  Wahrnehmung, in: Congress & Seminar, 1985, Heft 11
- NLP im Management, Teil II - NLP: Methode für Manager, die
  sich fordern, in: Congress & Seminar, 1985, Heft 12

BLICKHAN, C.:

- Miteinander reden lernen – Die sieben Gesprächsförderer.
  Herder, Freiburg, 2000
  Ein Leitfaden zum genaueren Beobachten,besseren Zuhören,
  verständlicher Sprache und partnergerechter Kommunikation

- Was schiefgehen kann, geht schief – Murphy's Gesetze
  in der Wunderwelt der Psychotherapie. Carl Auer, 1999
  Murphy's Gesetze, in der Technik bestens bekannt, schlagen auch
  in der Psychotherapie unerbittlich zu. Diese Satire erklärt, dass
  alles schiefgeht, was alles schiefgeht und wie alles schiefgeht.

DILTS, Robert

- Träumer, Realist & Kritiker oder: Tools for
  Dreamers. Strategien für Kreativität & die Struktur von
  Innovation, Paderborn: Junfermann 1994

DILTS/HALLBOM/SMITH

- Identität, Glaubenssysteme und Gesundheit.
  NLP-Veränderungsarbeit, Junfermann: Paderborn 1991

GAZZANIGA, Michael S.

- Das erkennende Gehirn. Entdeckungen in
  den Netzwerken des Geistes, Junfermann: Paderborn 1988

GOULDING, Mary

- „Kopfbewohner" oder Wer bestimmt dein Denken?
  Junfermann: Paderborn 1989

GRINDER/BANDLER

- Kommunikation und Veränderung. Struktur der Magie II,
  2. Aufl., Paderborn: Junfermann 1991
- Therapie in Trance, Hypnose: Kommunikation mit dem
  Unbewußten, Stuttgart: Klett-Cotta 1984

LABORDE, Genie Z.

- Kompetenz und Integrität. Die Kommunikationskunst des NLP,
  Paderborn: Junfermann 1991

MOHL, Alexa

- Der Zauberlehrling. Das NLP Lern- und Übungsbuch
  Paderborn: Junfermann 1993

O'CONNER/SEYMOUR

- Neurolinguistisches Programmieren:
  Gelungene Kommunikation und persönliche Entfaltung,
  Freiburg: Verlag für angewandte Kinesiologie 1992

ORNSTEIN, Robert

- Multimind. Ein neues Modell des menschlichen
  Geistes, Paderborn: Junfermann 1989

REESE, Ed./BAGLEY, Dan

- Beyond Selling, Freiburg: Verlag für angewandte Kinesiologie 1990

RIEDL, Ruppert

- Die Spaltung des Weltbildes. Biologische Grundlagen
  des Erklärens und Verstehens, Hamburg: Parey 1985

STAHL, Thies

- Triffst du nen Frosch unterwegs. NLP für die Praxis,
  Paderborn: Junfermann 1990

ULSAMER, Bertold

- Exzellente Kommunikation mit NLP.
  Als Führungskraft den Draht zum anderen finden.
  Offenbach: GABAL Verlag, 6. Aufl. 1997
- Erfolgstraining für Manager. Ihr Mentalkurs zur Spitzenleistung,
  Düsseldorf: Econ 1992
- Mit sich selbst in Einklang.
  Denk-Anstöße für Manager über 35, Düsseldorf: Econ 1994

WATZLAWICK/BEAVIN/JACKSON

- Menschliche Kommunikation - Formen, Störungen,
  Paradoxien, Stuttgart: Huber 7. Aufl. 1985

Stichwortverzeichnis

Strategien für Ihren persönlichen Erfolg
• NLP-Einführungskurse
• NLP-Ausbildung: Business/ Practitioner/ Master/ Trainer (DVNLP)

und für Ihren Unternehmens-Erfolg
• Firmenspezifische Trainings mit Bedarfsanalyse und
  Transferunterstützung
• Spezielle NLP-Trainings für Führung, Verkauf, Training
• Team-Training und Coaching

**Fordern Sie unser Gesamt-Programm an
oder besuchen Sie uns im Internet!**

INNTAL INSTITUT

**Inntal Institut • Dipl.-Psych. Claus & Daniela Blickhan • Asternweg 10a
83109 Großkarolinenfeld** ☎ **08031/ 50601** Fax 08031/ 50409
www.inntal-institut.de mail@inntal-institut.de

72

Gesellschaft zur Förderung
Anwendungsorientierter
Betriebswirtschaft und
Aktiver
Lehrmethoden e. V

Bundesgeschäftsstelle
Hafenstr. 17 ¹/₁₀
55118 Mainz
Tel.: (0 61 31) 61 40-10
Fax: (0 61 31) 61 40-30

GABAL e. V. stellt sich vor

1976 gründeten Praktiker aus Wirtschaft und Hochschule die gemeinnützige GABAL e. V.

Der Vorstand der GABAL e. V. wird beraten durch ein Kuratorium, dem maßgebende Institutionen und Spitzenverbände der deutschen Wirtschaft angehören, z. B. das Institut der deutschen Wirtschaft (IW) in Köln sowie der Deutsche Industrie- und Handelstag (DIHT) in Bonn.

Ihr Nutzen

* Kontakte zu Unternehmen, Multiplikatoren und Kollegen, auch international
* Möglichkeit zur aktiven Mitarbeit in Regionalgruppen sowie regionale Seminarangebote
* Mitgliedersonderpreise für GABAL-Seminare und -Symposien sowie Train-the-Trainer-Seminare
* Sechsmal jährlich kostenfreie Belieferung der Zeitschrift „Wirtschaft & Weiterbildung" incl. der GABAL-Informationsschrift „Impulse"
* Jährlicher Gutschein über 75,- DM für Medien des GABAL-Verlags, darüber hinaus 20% Rabatt auf die GABAL-, PLS,- und JÜNGER-Medien

Infoscheck

Ja, ich will GABAL näher kennenlernen und erwarte Informationsmaterial

GABAL e. V.
Bundesgeschäftsstelle
Hafenstr. 17 ¹/₁₀
55118 Mainz

per Fax:
(0 61 31) 61 40-30

Name

Straße/Postfach

PLZ, Ort

Telefon

Fax

Bitte heraustrennen oder kopieren

 **Business-Bücher für Erfolg und Karriere**

Lothar J. Seiwert
Das neue 1 x 1 des Zeitmanagement
Der Euro-Bestseller
320 Seiten, A5, Hardcover,
4-farbig, mit Zeichnungen
und Fotos
DM 29,80/öS 218/sFR 29,80
ISBN 3-923984-89-8

Mogens Kirckhoff
Mind Mapping
Einführung in eine kreative
Arbeitsmethode
120 Seiten, 265 x 200 mm
4-farbig, Hardcover
DM 36,00/öS 263/sFR 35,00
ISBN 3-923984-91-X

Jacques Boy, Christian
Dudek, Sabine Kuschel
Projektmanagement
Grundlagen, Methoden und
Techniken, Zusammenhänge
160 Seiten, A5, Hardcover
mit Illustrationen und Grafik
inkl. 1 Diskette (für PC
und Mac geeignet)
DM 39,80/öS 291/sFR 38,80
ISBN 3-930799-01-4

Josef W. Seifert
**Visualisieren Präsentieren
Moderieren**
176 Seiten, A5, Hardcover,
zahlreiche Illustrationen
DM 29,80/öS 218/sFR 29,80
ISBN 3-930799-00-6

**Bestseller: 35. Auflage
über 250.000 Exemplare:**

Vera F. Birkenbihl
Stroh im Kopf?
Gebrauchsanleitung fürs Gehirn - vom "Gehirn-Besitzer"
zum "Gehirn-Benutzer"
180 Seiten, A5, Hardcover,
mit zahlreichen Abbildungen
DM 29,80/öS 218/sFR 29,80
ISBN 3-923984-99-5

Susanne Motamedi
Konfliktmanagement
Vom Konfliktvermeider zum
Konfliktmanager
144 Seiten, A5, Hardcover,
mit Illustrationen
DM 29,80/öS 218/sFR 29,80
ISBN 3-89749-002-1

Günter Ederer
Lothar J. Seiwert
Der Kunde ist König
Das 1x1 der Kunden-
orientierung
288 Seiten, A5, Hardcover,
2-farbig, mit zahlreichen
Illustrationen und Grafiken
DM 34,80/öS 218/sFR 33,80
ISBN 3-930799-47-2

H. Hamann, H. Sieber, S. Stritch
Wandel im Unternehmen
Praxisleitfaden Change
Managment
200 Seiten, mit Diskette
DM 39,80/öS 291/sFR 38,90
ISBN 3-930799-76-6

Hans-Jürgen Kratz
Delegieren – aber wie?
Persönliche Entlastung,
Mitarbeiter motivieren,
Potentiale nutzen
144 Seiten, A5, Hardcover,
mit Illustrationen
DM 29,80/öS 218/sFR 29,80
ISBN 3-89749-001-3

**Für weitere Titel fordern Sie bitte unseren kostenlosen Gesamtkatalog an:
GABAL VERLAG, Tel. 0 69/84 00 03-0 oder in Ihrer Buchhandlung.**

▶ Projekte planen und durchführen

Inhalt: Bei der Planung von Projekten kann sehr viel Geld und Zeit durch effizientes Projektmanagement eingespart werden. Alle notwendigen Techniken erfolgreicher Projektplanung lernen Sie am Beispiel des Umzuges einer vierköpfigen Familie kennen und können sie anschließend für Ihren eigenen Projekterfolg nutzen.
ISBN: 3-930799-62-6

Ihr persönlicher Stil ◀ entscheidet

Inhalt: Der Eindruck, den Sie auf andere machen, entscheidet oftmals über den persönlichen oder geschäftlichen Erfolg. Trainieren Sie deshalb, wie Sie in wichtigen Situationen Ihres Lebens positiv wirken, Souveränität ausstrahlen und Ihre äußere Erscheinung vorteilhaft zum Ausdruck bringen.
ISBN: 3-930799-63-4

▼ Körpersprache verstehen und anwenden

Inhalt: Sie lernen, Körpersprache zu verstehen und so einzusetzen, daß Ihre Ausstrahlung positiv unterstützt wird. Wer die „Geheimnisse der Körpersprache" kennt, kann anderen Menschen mit mehr Verständnis begegnen und auch sein eigenes Kommunikationsverhalten verbessern.
ISBN: 3-930799-60-X

e DM 39,80
sFR 39,80
öS 291,–

Konflikte kreativ lösen ◀

Inhalt: Konflikte sind Teil unseres Lebens. Am Beispiel einer Seminargruppe lernen Sie, Ihre Meinungen gegenüber einzelnen oder Teams durchzusetzen, ohne andere zu verletzen. Sie erfahren, wie Sie Konflikte konstruktiv steuern und Probleme gezielt angehen und lösen können.
ISBN: 3-930799-61-8

Voraussetzungen:
6 DX 66, mind. 4 MB RAM, Windows 3 oder s 95, Double-Speed CD-ROM-Laufwerk, te mit mind. 256 Farben, Soundkarte, d Tastatur, Festplatte mit mind. 3 MB peicher.

Sprachen lernen mit Superlearning

leicht, schnell, intensiv für Selbstlerner

■ Sie lernen mit Entspannung

Mit dem PLS-System lernen Sie zunächst, sich tief zu entspannen. Das erhöht Ihre Konzentrationsfähigkeit und Aufnahmebereitschaft.

■ Sie lernen mit Musik

Beim PLS Superlearning nehmen Sie den Lernstoff in Form von sogenannten „Lernkonzerten" auf. Hierbei sind die Lerntexte mit klassischer Musik unterlegt. Sie hören erst das aktive und anschließend das passive Lernkonzert.
So kann der Lernstoff direkt in die passiven Speicher Ihres Gedächtnisses einfließen.

■ Sie lernen mit Kreativität

In der „Aktivierungsphase" festigen Sie den Lernstoff auf amüsante und anregende Weise durch spezielle Übungen.
So werden Sie mit der inneren Struktur der Sprache spielend leicht vertraut.

Englisch	Französisch
Spanisch	Italienisch
Russisch	Schwedisch

Einführungskurse für Einsteiger ohne Vorkenntnisse
je 2 Tonkassetten, Lehrbuch, Urlaubsvokabular

Basiskurse Anfänger oder geringe Vorkenntnisse
je 8 Tonkassetten, Lehrbuch, Vokabel- und Trainingsdiskette, Begleitmaterial, Tiefenentspannung, Hörspiele, Lernroman mit Musik, Grammatikübungen

Aufbaukurse Fortgeschrittene mit Vorkenntnissen
je 8 Tonkassetten, Lehrbuch, Vokabel- und Trainingsdiskette, Entspannungstraining, lebendige Hörspiele, 1000 Vokabeln, Redewendungen.

Bitte fordern Sie den Gesamtkatalog an

PLS Sprachen

JÜNGER VERLAG, Postfach 10 09 62
63009 Offenbach · Tel. 0 69/84 00 03–13 (-0) · Fax –33

Sprachen lernen mit Superlearning

leicht, schnell, intensiv für Selbstlerner

Englisch für Import & Export

Speziell für die berufliche Anwendung ist der neue Kurs „English for Import &
Export" konzipiert. Für alle, die etwas für ihren Erfolg „on the job" tun wollen
und bereits über englische Vorkenntnisse verfügen, bietet dieser Kurs
Redewendungen, technische Begriffe und Fachausdrücke aus dem Bereich
Außenhandel. Sie lernen 1000 der wichtigsten Vokabeln und üben die
Abwicklung folgender Geschäftsvorgänge in englischer Sprache:

- Briefe, Faxe und Telexe verfassen
- Angebote einholen und unterbreiten
- Zollformalitäten erledigen
- Telefonate führen
- Reklamationen bearbeiten

8 Kassetten (ca. 8 Stunden), Lehrbuch, umfangreicher Übungsteil, alphabeti-
sches Vokabular, Fachglossar, Lernanleitung, Entspannungstraining.
Best.-Nr. 444-075-9
DM 198,– / öS 1545 / sFR 198,–

Bitte fordern Sie den Gesamtkatalog an

PLS Sprachen

JÜNGER VERLAG, Postfach 10 09 62
63009 Offenbach · Tel. 0 69/84 00 03–13 (-0) · Fax –33